Question de
n° 130

Georges-Emmanuel Hourant

Enquêtes au cœur de l'être

Entretiens avec
dix-sept guides spirituels

Albin Michel

Publication dirigée par Marc de Smedt.
Édition et maquette : Claire Médaisko.

NOTE DE L'ÉDITEUR

L'ancienne revue trimestrielle Question de *devient, avec la parution de cet ouvrage, une collection de livres. Cette initiative nous permet de continuer un combat culturel commencé il y a exactement trente ans : nous le ferons sans être soumis à des contraintes de temps et prévoyons deux à trois parutions par an environ, avec des ouvrages qui nous semblent indispensables aux débats et enjeux de ce* XXIe *siècle.*

Nous sommes heureux en cela de publier aujourd'hui l'enquête réalisée par Georges-Emmanuel Hourant auprès de dix-sept guides spirituels de notre temps. Ces témoignages nous paraissent en effet de nature à éclairer les discussions actuelles autour des religions et des spiritualités, des fanatismes et des sectes, ainsi que les justes questions que l'on se pose sur le besoin de sacré à l'intérieur de nous-mêmes.

La quête de sagesse et d'au-delà n'appartient en effet à aucun dogme religieux, elle est inhérente à la nature humaine. Et une spiritualité ouverte et laïque reste possible, quels que soient les choix de croyances que l'on fait dans son existence.

Une voie médiane est ainsi à trouver aujourd'hui entre ceux qui désirent plus ou moins appartenir à une Église instituée (où les croyants non pratiquants restent la majorité) et ceux, nombreux, qui ne se reconnaissent en rien dans des institutions porteuses certes du meilleur mais aussi du pire.

Mais pourtant, ces derniers se révèlent passionnés par l'héritage spirituel de l'humanité et par la quête de sens : il faut aussi savoir répondre à l'actualité de leur attente et de leur questionnement. Et ce livre peut y aider.

Marc de Smedt.

N. B. : Dans cet ouvrage, les appels numérotés renvoient aux notes situées en p. 181. Les astérisques renvoient au glossaire situé en p. 173. D'autre part, en p. 189 se trouvent répertoriés les numéros de *Question de* encore disponibles.

« *Toutes les religions sont des chemins qui mènent à Dieu, mais les chemins ne sont pas Dieu.* »

Râmakrishna[1]

« *Quand ces fleurs se trouvent ensemble, à condition de rester elles-mêmes, elles forment un magnifique et unique bouquet.* »

Cheikh Adda Bentounès[2]

« *Je voudrais, aussi bien que je le puis, vous prier, cher Monsieur, d'être patient à l'égard de tout ce qui dans votre cœur est encore irrésolu, et de tenter d'aimer les* questions elles-mêmes *comme des pièces closes et comme des livres écrits dans une langue fort étrangère. Ne cherchez pas pour l'instant des réponses, qui ne sauraient vous être données car vous ne seriez pas en mesure de les vivre. Or il s'agit précisément de tout vivre.* Vivez *maintenant les questions.* »

Rainer Maria Rilke[3]

À Lucile Edeikins

INTRODUCTION

Un paysage de la vie spirituelle

« REGARDEZ CETTE ALLUMETTE... » Pendant une demi-heure, Thây (le maître, en vietnamien) m'avait interrogé, non pas sur ma vie ou mon itinéraire, mais sur ma pratique spirituelle. J'avais eu l'impression de me retrouver quelques centaines d'années en arrière, en Chine, et de vivre l'une de ces rencontres mémorables entre maître et disciple zen qui sont relatées dans les *Annales de la transmission de la lampe*[4].

Pendant cette demi-heure, pour dire vrai, je ne m'étais guère senti à l'aise. Le regard de Thây était demeuré bienveillant et patient. Il était aussi pénétrant et capable, me semblait-il, de voir bien au-delà des apparences et même encore au-delà (c'est ce qu'on appelle, dans le bouddhisme, la vue profonde). Dans ces circonstances, je m'étais senti presque aussi nu qu'Adam devant Dieu lorsque ce dernier, selon la Genèse, lui avait demandé : « Où es-tu ? »

Puis sans crier gare, sans même que j'aie eu le temps de poser la moindre question, Thây avait commencé à me donner un enseignement... Et voilà maintenant qu'il se levait, tout doucement, si doucement que le temps semblait s'arrêter entre chacun de ses pas. Une éternité de quelques secondes plus tard, il revint avec une allumette, la craqua devant mes yeux ébahis, puis la laissa se consumer entre ses doigts.

Il me fallut quelques instants pour comprendre. « *L'enseignement* [...] *n'est pas l'éveil, c'est un moyen pour y parvenir. Ne cherchez pas l'allumette, cherchez la flamme,* me dit Thich Nhat Hanh. *Si vous êtes attaché à l'enseignement, vous perdez tout.* [...] *Avec l'enseignement, vous pouvez produire la sagesse, ainsi vous êtes libre de l'enseignement ; l'allumette est consumée par la flamme.* »

De son côté, Andrew Cohen relate qu'il s'est éveillé définitivement lorsque Poonja, un maître hindou, lui dit : « Vous n'avez aucun effort à faire pour être libre. » Écouter des enseignements, suivre un maître, pratiquer, seraient-ils inutiles ? « *L'idée de ne pas avoir besoin de faire d'efforts peut devenir une excuse, la justification d'un comportement égoïste ou complaisant,* m'avait mis en garde le même Andrew Cohen ; *"Est-ce facile, est-ce difficile ?" Beaucoup de chercheurs spirituels s'arrêtent à cette question. En réalité, ce ne devrait jamais être la question.* »

La question, poursuit-il, serait plutôt de se faire le collaborateur, mieux encore le serviteur obligé, de « *l'énergie de la conscience* », de cette « *force énorme, qui veut s'exprimer dans le monde* [...] *à une fin d'évolution* ». « *Choisir de s'harmoniser avec ce processus,* précisera Lee Lozowick, *de façon à ne pas le perturber et à le servir activement, c'est servir la volonté divine.* » Cependant, le désirons-nous vraiment ? Sommes-nous déterminés à en payer le prix, qui est l'effacement, voire l'extinction de l'ego – cela, même si nous avons entendu dire que cet effacement était source de « *joie parfaite* », comme le souligne Arnaud Desjardins, ou d'amour infini, tel que l'incarne Amma ?

Dès lors qu'on se sent appelé à « *la vie dans l'Esprit* » (Enzo Bianchi), à opérer le « *retournement* » évoqué par Annick de Souzenelle, une foule d'interrogations se lève. C'est porteur de ces interrogations, à la fois miennes et communes à beaucoup d'entre nous, que je me suis rendu auprès de dix-sept hommes et femmes pouvant témoigner, espérais-je, d'une vie spirituelle accomplie. Bien qu'ils aient suivi des chemins différents, se situant ou non au sein de traditions religieuses, leurs réponses, mises ensemble, dessinent un paysage unique. Un tel constat ne justifie en rien un syncrétisme de type New Age ; il ne devrait pas non plus conduire à ne suivre aucune voie. Chaque chemin particulier est comparable, pour reprendre la métaphore employée par Amma, à un escalier en bois qui nous permet de monter jusqu'au dernier étage d'une maison. « *Arrivé là, on s'aperçoit que tout le reste de la maison est en bois, du plancher au plafond. Mais c'est une expérience,* dit Amma, *qu'on ne fait qu'une fois arrivé en haut.* »

Le « dernier étage » de la vie spirituelle peut aussi bien être représenté comme le centre d'un cercle, vers lequel convergent tous les rayons de ce dernier. Il est frappant de voir à quel point les hommes et les femmes que j'ai rencontrés décrivent tous – à l'instar, faut-il le rappeler, des maîtres du passé – ce centre en des termes, sinon identiques, du moins très proches.

Mais il y a peut-être plus significatif encore. Les représentations qu'ils font du cheminement qui mène au centre, des *attitudes fondamentales* du disciple comme de la nature du maître, ou encore de ce qui se trouve en dehors du cercle, etc., si elles sont différentes, ne se contredisent pas. Plus précisément, elles peuvent paraître, sur un plan conceptuel, contradictoires ; mais si on fait le pari de les considérer non plus comme contradictoires, mais complémentaires, alors nous pouvons nous éveiller à une réalité beaucoup plus vaste et beaucoup plus profonde que ce qui constitue notre réalité « ordinaire ».

Aussi je voudrais suggérer de lire les entretiens qui vont suivre non pas en les disposant bout à bout, comme s'ils étaient des îlots au milieu de l'océan, mais en s'efforçant de les « tenir ensemble ». C'est, me semble-t-il, le meilleur usage que l'on pourra faire de ce livre.

L'état ordinaire de conscience

Autour du cercle symbolisant la vie spirituelle règne une forêt, qui représente notre état ordinaire de conscience et dans laquelle nous sommes plus ou moins égarés. Dans cette forêt, nous nous trouvons, du point de vue de la spiritualité, en « *situation d'exil* », selon les termes employés par Annick de Souzenelle, ou encore dans l'état de rêve ou d'illusion. Nous vivons alors dans *notre* monde, or « mon *monde n'est pas* le *monde,* comme le rappelle Lee Lozowick ; *et* mon *monde, c'est le monde de l'ego* ». L'illusion, dans laquelle nous demeurons parce que nous sommes identifiés à notre petit ego, est si forte que nous en sommes venus à croire que rien n'existe en dehors de cette forêt, ou alors que nous ne pourrons jamais en sortir.

Être en exil, c'est « *être coupés de notre intériorité et* [...] *de l'image divine que nous sommes* » (Annick de Souzenelle) ; « *Le mur de l'ego,* dit encore Andrew Cohen, *nous isole de notre soi profond, des autres et de l'univers.* » Nous sommes prisonniers d'une erreur fondamentale qui consiste à nous croire séparés de Dieu (Arnaud Desjardins), et « *nous ne voyons pas la nécessité d'établir une relation avec Lui,* ajoute Amma. *Dieu est inscrit en dernier sur la liste de nos priorités* ». Car seul compte l'ego.

Dans la perspective de l'ego, nous sommes habités par la peur profonde de ne plus exister. Aussi, sous la direction du « *dieu de la peur* », selon l'expression de Richard Moss, et animés par la croyance fondamentale que « *quelque chose manque* » (Peter Fenner), nous ne faisons que survivre en cherchant à satisfaire nos désirs personnels, imaginant que certaines choses – une meilleure situation matérielle, une réalisation professionnelle, le fait de trouver un bon conjoint ou d'avoir des enfants, etc. – pourront nous sauver.

Notre esprit, dans ce cadre, fonctionne de manière dualiste, abordant toujours la vie en termes de « j'aime » ou « je n'aime pas », d'attraction ou d'aversion, d'attachement ou de rejet. Notre prétention à juger du bien et du mal depuis ce fonctionnement dualiste constitue bien, selon la Genèse, le péché originel, l'erreur fondamentale[5]. Une erreur qui engendre ce qu'on pourrait appeler « l'illusion du savoir ». « *La culture,* relève Richard

Moss, *limite notre capacité à voir réellement ce qui est.* » (« *Procéder comme les intellectuels,* insiste de son côté Amma, *c'est comme écrire le mot "miel" sur une feuille de papier et puis lécher la feuille. Ce n'est pas comme cela qu'on connaîtra le goût du miel !* ») Dès lors, nous ne sommes pas libres, mais conditionnés, soumis à la loi du *karma**, de l'enchaînement des causes et des effets, de manière mécanique. Nous ne sommes pas créatifs, mais réactifs. Nous sommes figés, dit Richard Moss, « *dans une gamme très étroite de sensations* » et « *notre participation à la vie,* ajoute Andrew Cohen, *demeure très partielle* ».

De la coupure, de l'identification à l'ego, du fonctionnement dualiste de notre esprit, résulte l'inconscience, ou l'ignorance, où, selon l'enseignement du Bouddha comme celui de la Genèse, la souffrance trouve son origine. La souffrance caractérise ainsi l'état ordinaire de conscience, mais elle n'est pas ontologique, elle n'est pas notre véritable nature, originelle. « *La souffrance est le fait de l'homme,* affirme Annick de Souzenelle, *car il a choisi une voie différente de ce qu'était le projet divin sur lui* » ; il a choisi « *de manger le fruit de l'arbre de la Connaissance** [...] *de l'extérieur, et non pas en mûrissant à l'intérieur de lui-même...* » Pour Lytta Basset, si la notion de péché originel (« péché » signifie « être coupé de Dieu ») n'est pas vide de sens, elle est réductrice. Pour elle, dans notre expérience, le *mal subi* précède le *mal commis*, c'est la souffrance qui engendre la séparation, la coupure, qui à son tour engendre la souffrance ; dans ce cercle vicieux dont il est difficile de sortir, « *on entretient la souffrance autant qu'on la subit* ».

Le lieu où prévaut la souffrance est certainement l'un des endroits les plus obscurs de la forêt de la conscience ordinaire. Mais dans cette forêt, il existe aussi de nombreuses clairières. L'une d'elles est la religion – ou plus exactement ce qu'on pourrait nommer « l'esprit religieux » – et il importe de la distinguer de la spiritualité. « *Sous-ensemble de la culture* » selon Richard Moss, la religion « *se contente le plus souvent d'aménager au moins mal* », dit Annick de Souzenelle, notre situation d'exil, en énonçant des principes moraux qui, si nous les respectons, nous permettent de vivre ensemble. Mais elle comporte deux écueils principaux : l'engagement aveugle dans l'action au nom de ces principes et le formalisme. Croire que la pratique religieuse, ou tout autre chose, nous sauvera ou nous libérera, ne change rien quant à notre situation d'exil ou notre état d'illusion. « *Dans tous les cas,* ainsi que le remarque Peter Fenner, *nous continuons de fonctionner dans une structure dualiste, qui oppose libération et asservissement.* »

À l'orée de la forêt, « *tout près du toit du rêve* », comme le dit Stephen Jourdain, à la frontière de la périphérie du cercle, se trouve « *l'état d'enfance* ». Celui-ci se caractérise aussi bien par la concentration dans l'ici-et-maintenant, le jeu, la spontanéité et la capacité d'émerveillement, que par la vulnérabilité. « *Dans cet état, il y a bien* moi *et* l'autre », observe Stephen Jourdain. Aussi l'enfance fait-elle partie de l'état de rêve. Cependant, *moi* et *l'autre* n'y sont pas séparés, mais reliés. Aussi ce rêve-là est-il « *semence d'éveil* ».

C'est pourquoi, toujours selon Stephen Jourdain, « *notre travail le plus urgent est de redevenir des enfants intérieurement : c'est la base de toute recherche spirituelle* ». Lytta Basset fait le même constat en lisant l'Évangile selon Matthieu : « “Qui donc est le plus grand dans le royaume des cieux ?”, demandent les disciples de Jésus. Celui-ci appelle alors un enfant et le place au milieu d'eux, puis leur dit : “En vérité je vous le dis, si vous ne vous retournez pas et ne devenez pas comme les petits enfants, pas question d'entrer dans le royaume des cieux. Quiconque, donc, s'abaissera comme ce petit enfant, celui-là sera le plus grand dans le royaume des cieux.”[6] »

Le centre de la vie spirituelle

Ce royaume des cieux, ou royaume de Dieu, est aussi évoqué par Thich Nhat Hanh. Pour lui, il n'est ni un espoir, ni une spéculation ; mais une *réalité*. La vie spirituelle se caractérise en premier lieu par *l'expérience*, et non par la croyance en une vérité établie par quelqu'un d'autre, fût-ce Jésus-Christ ou le Bouddha. « *Fait d'être et de conscience* », ainsi que le souligne Arnaud Desjardins, la réalité ultime – qu'on l'appelle, par exemple, « Dieu » ou « le Soi » – ne peut se connaître « *qu'en en ayant l'expérience directe* », affirme Richard Moss. « *Toute vérité est à redécouvrir* [...] *dans une expérience, parce que tant qu'elle n'a pas été expérimentée elle demeure une abstraction* », renchérit Christian Delorme. C'est pourquoi Bouddha lui-même, rappelle Joshin Senseï*, a dit à ses disciples avant de mourir : « Ne croyez pas une chose parce que je l'ai dite. Expérimentez cette chose et voyez si elle est bonne pour vous-mêmes et pour les autres. »

Accessible par l'expérience, le but de la vie spirituelle ne peut pour autant en aucun cas être confondu avec « les buts ordinaires de l'existence », même les plus légitimes. Il ne s'agit pas seulement d'avoir un ego purifié, mais bien d'aller au-delà de l'ego. Sans quoi, comme le dit Arnaud Desjardins, « *même si nous avons une brillante réussite dans l'existence, nous demeurons fondamentalement dans l'erreur et dans l'illusion* ». Et Richard Moss d'ajouter : « *La spiritualité n'est pas une médecine qui va nous aider à aller mieux, ni une sorte de chirurgie qui nous permettrait d'extirper les mauvaises pensées ou les mauvais sentiments...* »

Ce qui est expérimenté au centre de la vie spirituelle est un changement de nature radical. Les uns le décrivent comme une *transmutation*, d'autres comme *une mort suivie d'une renaissance*, d'autres encore comme une *déification* ou un *éveil*. Pour les soufis par exemple, il s'agit d'une *extinction*, au terme de laquelle ne reste que la *subsistance en Dieu*. Mais ce n'est pas un lieu, ni un objet que l'on pourrait atteindre ou toucher ; ce n'est en aucune manière « quelque chose », pas même quelque chose de subtil, ou d'absolu. « *La conception de quelque chose qui existerait de manière absolue est une production de l'esprit* » relève ainsi Roland Yuno Rech.

Il s'agit en revanche de retrouver notre nature originelle ou notre véritable nature. Ces retrouvailles s'accompagnent d'abord d'une désentification de l'ego. Ainsi pour Stephen Jourdain, « *ce que l'éveil met immédiatement en place, c'est : je me désolidarise de ce que je suis* ». « *La spiritualité,* complète Richard Moss, *est le relâchement, ou la mort, de l'identité personnelle, de l'activité qui crée le sens du moi.* » Mais il ne faut pas se tromper sur le sens de cette désentification : il ne s'agit pas d'une fusion, mais d'une singularisation absolue. Car, précise Annick de Souzenelle, « *c'est le "Je suis" à l'intérieur de nous que nous avons à retrouver, c'est cette personne unique à l'intérieur de nous* ». « *C'est l'essence,* confirme Stephen Jourdain, *du type que je suis et qui est là.* »

Par ailleurs, la vie spirituelle, telle qu'elle s'exprime en son centre, ne se situe pas *ailleurs*, mais *ici et maintenant*. En ce sens elle ne présente rien de spécial. « *La vie quotidienne est une source intarissable de l'éveil* », avance Thich Nhat Hanh. Respirer, manger, marcher, transporter du bois, laver la vaisselle..., dès lors qu'ils sont effectués en *pleine conscience*, sont pour ce maître zen des actes spirituels – ou « *initiatiques* », selon l'expression de Mario Mercier. Dans la perspective de Peter Fenner, « *ce n'est pas que les choses se passent seulement de manière ordinaire ou quotidienne. C'est plutôt être présent à une conscience non structurée, une conscience pure qui est l'expérience que "rien ne se passe" est ce qui se passe* ». Aux yeux d'Enzo Bianchi, une vie animée par une vraie spiritualité est « *un chef d'œuvre de bonté, de beauté et de béatitude* » et se caractérise aussi bien par l'amour absolu que par la connaissance de la véritable nature des choses.

L'amour absolu ? C'est, dit Amma, « *avoir une attitude complètement non égoïste à l'égard de toute la création, sans faire aucune distinction entre tous les êtres* ».

Quant à la connaissance, elle s'exprime, selon les uns, par la réalisation de la *vacuité*, la *non-dualité*, l'*interdépendance* ou encore la *non-séparation*. « *Pour moi la vie humaine ne prend son* *sens véritable que lorsque l'expérience de l'unité devient constante et que la dualité disparaît* », dit Andrew Cohen, qui affirme encore : « *Une personne s'éveille à la vie lorsqu'elle devient consciente du fait qu'elle n'existe pas de manière séparée.* » « *Dans cette conscience,* corrobore Roland Yuno Rech, *on perçoit que soi et tout ce qui est apparemment non-soi* ne sont pas séparés.* » Pour d'autres, comme Amma, la connaissance consiste à voir Dieu en toutes choses : « *Dieu est présent dans chaque être humain et dans tout l'univers* [...] *Le chemin de la dévotion affirme : "Tout est Toi"...* », atteste le maître hindou.

Parler de Dieu ou bien parler de la vacuité, est-ce évoquer des expériences de nature différente ? Peut-être pas. Ainsi, indique Betoule Fekkar Lambiotte, « *quand on tourne autour de la Kaaba*, lors du pèlerinage à La Mecque, on tourne autour d'un bâtiment vide. On dit que Dieu est présent, mais physiquement c'est vide* ».

Dans la réalité ultime que désigne le centre de la vie spirituelle, amour et connaissance ne font qu'un et ils ne font qu'un, aussi, avec la liberté. Ce n'est pas une liberté de l'ego, qui consisterait à « faire n'importe quoi », mais la libération totale de tous nos conditionnements. Nous sommes alors libres de la peur, de « *toutes les notions qui sont à la racine de notre ignorance* », dit Thich Nhat Hanh, libres de toutes nos afflictions, libres de la naissance et de la mort. Dans cette *liberté naturelle* que décrit Peter Fenner, nous sommes même « *libérés de toute préoccupation au sujet de savoir ce qu'est la libération* ».

D'autres caractéristiques « secondaires » sont enfin relevées par les uns ou les autres : la *joie parfaite* ou la *paix* ne dépendant d'aucune activité, la *créativité*, la perception de la *beauté*, la *clarté* de l'esprit ou *lumière*, l'*harmonie*, le sentiment de la *plénitude de l'être...* Tous ces états de conscience se résument fort bien par la formule de Thich Nhat Hanh, qu'il a placée à l'entrée de son Village des Pruniers : « Je suis arrivé. »

L'entrée dans la vie spirituelle

Si l'état de conscience dans lequel nous nous trouvons ordinairement nous maintient dans la souffrance, pourquoi, alors, peu d'entre nous entendent-ils l'appel à entrer dans une autre vie ? Peut-être s'agit-il d'une « fausse question » : « *Tout comme l'origine du mal,* souligne Lytta Basset, *l'origine de la guérison (ou du salut) nous échappe* ».

Certains éléments de réponse peuvent néanmoins être avancés. Tout d'abord, le *poids du collectif*. Celui-ci, surtout dans la société moderne, nous incite par tous les moyens à tourner le dos à la vie spirituelle. De la même manière que les Hébreux, après avoir franchi la Mer Rouge, eurent à demeurer quarante ans dans le désert, soutient Annick de Souzenelle, nous aurons après avoir opéré le même passage à affronter une grande solitude, voire le rejet de notre entourage. « *Et puis,* ajoute-t-elle, *on nous a trop dit que c'était renoncer aux jouissances du monde, ce qui est faux.* »

Mais le refus de la vie spirituelle réside aussi à l'intérieur de nous : « *Expérimenter est difficile : nous n'aimons pas tellement les choses nouvelles qui nous bousculent* », remarque Joshin Senseï. Enfin, constate Stephen Jourdain, « *si nous n'entendons pas le son de ce qui est négatif en nous, c'est parce que nous adorons cette corruption.* [...] *La plupart d'entre nous ne sommes pas au fait de ce qui se passe dans le tréfonds de notre intériorité.* [...] *nous voyons ce qui se passe en surface mais tout au fond, le moteur de la déchéance, c'est notre volonté de déchoir* ».

L'*éveil* est un événement extrêmement intense, que nous pouvons dater avec précision. Il peut éventuellement être provoqué par un maître, mais n'attend surtout que les circonstances favorables pour survenir, un peu, dit Stephen Jourdain, « *comme un produit chimique qui aurait une très grande volonté de cristalliser* ». « Potentialité de l'esprit humain », « but évolutionnaire » de l'humanité, cet événement est en même temps perçu comme quelque chose (ou quelqu'un) faisant irruption dans notre vie. Ainsi, pour Andrew Cohen, la « *conscience de Dieu, ou l'énergie de la conscience* », parce qu'elle veut s'exprimer dans le monde et dans le temps, « *émerge partout où il y a une fissure* ».

Les « *situations intérieures extrêmes* » favorisent son éclosion, que ce soit « *la voie de l'interrogation forcenée* », propre à Stephen Jourdain, ou, le plus souvent, la détresse, quand, comme l'indique Richard Moss, « *nous sommes à genoux,* [que] *nous savons que tout a échoué* ».

Mais l'ego peut chercher à s'approprier l'éveil, à « *créer un contexte pour comprendre* ». Dans ce cas, poursuit Richard Moss, il est incomplet et « *reste très difficile à intégrer* ». « *Un sujet profond peut connaître des états glorieux, de surconscience,* relève Stephen Jourdain, *mais il reste alors le pas essentiel à accomplir.* » « *De nombreuses personnes,* observe pour sa part Andrew Cohen, *retombent, après avoir vécu une expérience spirituelle, dans le monde de la personnalité conditionnée.* » Ils ont eu beau s'éveiller à une réalité plus élevée, leur cœur être profondément touché, leur monde conceptuel totalement ébranlé, pourtant la structure fondamentale de leur ego n'est pas touchée.

Il y a à cela une raison simple : c'est parce que ne préexistait pas, explique Lee Lozowick, « *une matrice capable de supporter, puis de maintenir et de faire s'épanouir un changement aussi radical* ». Arrive alors, en même temps qu'un élargissement de conscience, selon Richard Moss, « *une énorme intensification de nos problèmes psychologiques non résolus* ». Corollairement, nous ressentons la nécessité d'être guidé par un maître, de suivre une pratique spirituelle et d'être entouré par une communauté. Comme on dit dans le bouddhisme, nous prenons refuge* dans le Bouddha, le *dharma** et la *sangha*. Non seulement nous le désirons, mais nous en avons la capacité.

La pratique, le maître et la communauté

Le fondement même de la pratique réside dans l'idée de faire quelque chose pour favoriser notre croissance spirituelle.

« *Le pratiquant,* dit Thich Nhat Hanh, *est comparable à un jardinier dont le jardin est sa conscience, son esprit. Pratiquer, c'est reconnaître la présence de semences de compréhension dans notre esprit et savoir comment les arroser.* »

Nous avons besoin d'un cadre pour grandir, pour nous épanouir, et en ce sens nous ne pouvons nous passer de méthode, ou de discipline. C'est cette dernière, comme le dit Joshin Senseï, « *qui va raboter l'ego* ».

La pratique est donc nécessaire. Mais elle présente un risque : celui de s'y attacher, risque que tous les enseignements spirituels dénoncent comme une erreur fondamentale. Au lieu de nous libérer, la pratique peut devenir aliénante. En nous y attachant, nous nous fuyons nous-mêmes et entretenons nos illusions et nos névroses. Elle devient le prétexte à la répression, au refoulement de notre élan vital et de nos désirs, et, ce faisant, nous coupe de la source même de la vie qui coule en nous.

Vient alors l'idée, pour sortir de cette contradiction, que la pratique est un tremplin, un moyen pour aller plus loin. « *Elle est limitée en elle-même,* affirme par exemple Betoule Fekkar Lambiotte, *mais elle permet d'aller ailleurs, elle crée une ouverture.* » Sans doute alors faut-il accepter, comme le relate Peter Fenner, de ne plus seulement suivre une prescription et de se montrer disposé à faire un pas en avant sans connaître les conséquences de ce que l'on fait.

Mais s'il arrive bien un moment où le sens de la vie spirituelle se vit ailleurs que dans la pratique, on ne peut, selon la belle expression de Stephen Jourdain, « *faire que le soleil se lève* ». « *Le fini,* soutient Arnaud Desjardins, *ne peut par ses efforts produire l'infini, le limité l'illimité.* » En aucun cas, ajoute Lee Lozowick, toutes nos pratiques ne nous conduiront à la compréhension absolue. La libération étant l'effacement de l'ego, celui-ci ne peut l'atteindre par lui-même. Il n'existe pas de méthode, en matière spirituelle, qui garantirait d'aller d'un point A droit à un point B : l'éveil n'a pas de cause, il n'est pas, complète Richard Moss, *« le résultat de quelque chose »*, ni *« issu d'aucune intention »* (Stephen Jourdain).

En quoi consiste alors la pratique ? *« On peut juste construire un milieu, un environnement dans lequel la réalisation sera possible ; le travail spirituel consiste à fabriquer cette matrice »*, synthétise Lee Lozowick. En d'autres termes, ceux de Stephen Jourdain, on peut *« mettre en place le ciel dans lequel le soleil va se lever »*.

Cela dit, chaque voie, chaque école, a ses propres pratiques. Cette diversité relève, selon Amma, du bon sens : *« Si un restaurant a un seul plat ou un marchand de chaussures un seul modèle, peu de personnes viendront dans ce restaurant ou chez ce marchand. »* C'est pourquoi, s'amuse Betoule Fekkar Lambiotte, *« Dieu devait être polygame : il a eu une femme juive, une femme chrétienne, une femme musulmane... »* Mais cette diversité ne doit pas occulter l'unité essentielle de la pratique spirituelle : comme le montre Arnaud Desjardins, la méthode à suivre – la même – peut aussi bien s'appuyer sur les Upanishad* que sur les Évangiles.

Aux côtés de l'étude des textes, des différentes disciplines visant d'abord à agir sur le corps physique ou énergétique, de l'introspection ou de l'investigation intérieure, etc., deux grandes pratiques dominent le paysage spirituel : la prière et la méditation.

La prière peut être décrite comme *« ce qui permet de boire à la source, d'entrer en relation avec ce qui pour chacun d'entre nous est la source »* (Christian Delorme). Elle est aussi bien un échange de regards qu'un dialogue. Prier, c'est regarder Dieu, lui parler, certes... mais c'est surtout *« se laisser regarder »*, stipule Christian Delorme, *« écouter »* complète Enzo Bianchi. Cette prière s'éteint dans l'amour et, *« jaillissant au cœur même des événements »*, de manière spontanée, devient comme une sorte de *respiration* : *« Ce n'est pas que nous priions toujours,* explicite Enzo Bianchi, *mais nous nous souvenons toujours de Dieu. »* De la sorte, l'écoute apprise dans la prière s'étend à l'écoute de l'autre, de la nature, de l'histoire, etc.

La méditation, quant à elle, a pour but de « *comprendre la nature véritable des choses* » (Thich Nhat Hanh) ou encore de « *s'exercer à la lucidité* » (Arnaud Desjardins). Elle se caractérise par la pratique simultanée (ou par allers et retours successifs) de la concentration et de l'observation. Pour Roland Yuno Rech, « *la concentration* [...] *permet d'apaiser l'esprit.* [...] *lorsque le vent cesse de souffler, la mer s'apaise* ». Alors l'observation devient possible : on peut voir le fond. « *En même temps, la surface reflète de manière juste, authentique, l'ensemble de l'univers. La conscience devient comme un miroir à deux faces, l'une tournée vers l'intérieur l'autre vers l'extérieur.* » Mais si l'on continue d'observer, l'on risque de « saisir » les choses qui apparaissent et, le miroir s'encombrant, il ne peut plus rien refléter. Il faut alors revenir à la concentration pour, à nouveau, *laisser passer*, ou *lâcher prise*.

Le maître spirituel, contrairement à la représentation que nous nous en faisons parfois, n'est pas une « spécialité orientale ». Il a existé de tous temps des maîtres en Occident, depuis les philosophes antiques jusqu'aux supérieurs des monastères chrétiens ; aujourd'hui même, ce livre en témoigne, des Occidentaux ont la réputation d'être des maîtres authentiques.

Qu'est le maître ? Il est d'abord, au sens plein du terme, un être réalisé, incarnant, comme l'observe Joshin Senseï, « *la liberté totale du corps, de l'esprit et du cœur* ». Il est un intermédiaire, « *un ambassadeur qui représente le roi* », dit Arnaud Desjardins, « *la connexion,* ajoute Lee Lozowick, *entre le divin et le monde* ».

S'il est littéralement capable d'autorité, il n'en exerce pour autant aucun pouvoir. « *Il ne légifère pas sur nous* », souligne Enzo Bianchi ; il demeure au contraire un disciple, un serviteur du divin ou de son propre maître. Il est un exemple vivant, témoignant par son enseignement certes, mais surtout par sa qualité d'être. En ce sens, sa seule présence, comme l'indique Richard Moss, est susceptible de nous apporter une aide considérable.

Son rôle est fondamentalement de nous guider, de nous éclairer, ou de nous aider à avoir du discernement. Le maître est un miroir qui nous montre ce qui va mais aussi, et peut-être surtout, ce qui ne va pas. « *Il sait quand l'élève est en train de progresser et quand il est en train de stagner,* note Lee Lozowick. *Il sait si l'élève a fait une percée significative* [...]. *Il le sait toujours et il est le seul à pouvoir le savoir vraiment.* » Aussi le travail du maître consiste-t-il à traquer sans relâche toutes les manifestations de l'ego, à « *constamment nous secouer,* établit Andrew Cohen, *jusqu'à ce que nous abandonnions tous nos attachements* ».

Dès lors, devenir le disciple d'un maître authentique apparaît comme non seulement précieux, mais quasiment indispensable. « *Pour un Mozart dans l'humanité,* relève avec bon sens Arnaud Desjardins, *combien de virtuoses ont eu des professeurs... ?* »[7].

Cependant, trouver un vrai « professeur » dans le domaine de la spiritualité n'est pas chose aisée. Pour une double raison : « *S'il y a si peu de vrais enseignants, c'est aussi parce qu'il y a peu de vrais disciples !* », souligne Andrew Cohen. Dans ces conditions, nous devrons peut-être nous contenter, au moins pendant un temps, de suivre l'enseignement d'un « bon instructeur ». Certains diront que c'est là affaire de *karma* : compte tenu de notre personnalité actuelle, de notre histoire, nous ne connaîtrons pas tous la bénédiction de rencontrer un vrai maître dans cette vie, ni celle de devenir un vrai disciple.

Car ce qui est en jeu est tout autant de devenir un *vrai disciple* que de trouver un *vrai maître*, faute de quoi le rôle de ce dernier demeurera limité. « *Tentez de vivre ce qu'il vous indique, mais n'en faites pas un deuxième père ou une deuxième mère qui va vous porter* », prévient Richard Moss. De manière générale, indique Lee Lozowick, le maître « *ne peut faire en sorte que l'élève atteigne la réalisation, mais il peut créer des circonstances favorables* ».

Quant à la communauté (*sangha*), elle est comme une seconde « famille spirituelle », un milieu où nous pouvons « *nous nourrir et trouver du soutien* ». Elle est tout autant indispensable à notre épanouissement que le maître, car « *si on pratique seul,* affirme Thich Nhat Hanh, *on ne peut aller très loin* ». Mais elle nous donne aussi l'occasion de donner, de faire profiter les autres de notre éveil. « *Lorsqu'une fleur s'épanouit,* dit Amma, *son parfum profite à tout le monde.* » Et, ajoute Roland Yuno Rech : « *Dès qu'une personne avance sur le chemin spirituel, qu'elle transforme sa relation aux autres et au monde, alors le monde, lui aussi, se transforme et fait un pas en avant. Le sens de la voie est d'aller vraiment ensemble.* »

Comme le soutient Joshin Senseï, « *la pratique ne peut se concevoir qu'avec les autres et pour les autres* ». « *On ne peut se sauver qu'ensemble,* souscrit Enzo Bianchi, *et non individuellement.* » Dans ces conditions, ce qui arrive à la *sangha*, reprend Thich Nhat Hanh, nous arrive à nous-mêmes : « *Son bonheur est notre bonheur, sa souffrance notre propre souffrance.* » Étant un « organisme unifié » ou visant, du moins, à le devenir, la communauté « *est le lieu d'une certaine alchimie* », selon le mot de Lee Lozowick. « *Une vraie* sangha, termine Thich Nhat Hanh, *incarne le* dharma. *Et lorsque le* dharma *est là, le Bouddha est là aussi.* »

Les « attitudes fondamentales »

Les attitudes fondamentales de la vie spirituelle constituent aussi bien un but qu'un chemin. Ce sont des instruments de l'art spirituel, mais aussi des « commandements » ou des « principes » émanant de l'esprit d'éveil. Depuis l'état ordinaire de conscience, nous les abordons sur un plan moral, comme des préceptes devant régler notre conduite : nous n'avons alors d'autre choix que de nous y conformer de manière névrotique ou alors de ne pas les respecter. Entrés dans le courant de la vie spirituelle, nous tentons de les appliquer, ce qui est pour nous une source précieuse d'apprentissage. Devenus disciples, nous nous y soumettons dans la joie ; nous les percevons encore cependant comme émanant de l'extérieur. Mais chez le maître, ou celui qui se tient *au centre du cercle*, ces attitudes deviennent spontanées.

Voici quelques-unes de ces attitudes fondamentales, qui ne sont en réalité que les différentes facettes de l'esprit d'éveil, et consistant à « vivre radicalement l'Évangile », diraient les chrétiens, ou à « vivre selon le *dharma* », diraient les bouddhistes.

S'impliquer totalement. « *Ce qui est redoutable, c'est la tiédeur !* », lance Stephen Jourdain. Saurons-nous nous engager, comme l'exprime Andrew Cohen, « *à participer consciemment, de tout notre cœur, au processus d'évolution* » ? À cette question Lee Lozowick répond que « *s'engager est une obligation* ». Autrement dit, nous devons « *nous souvenir de Dieu à tout moment de la journée* », comme le proposent Arnaud Desjardins et Enzo Bianchi. Ou encore considérer, avec Roland Yuno Rech, que « *chaque aspect de la vie quotidienne est une occasion de pratiquer* ».

Tourner son regard vers l'intérieur. Il s'agit pour Richard Moss de « *tourner notre conscience vers le commencement de nous-mêmes* » ou, pour Annick de Souzenelle, d'« *opérer un retournement, une conversion à soi-même dans ce qu'il a d'intérieur* ». Dans quel but ? « *Pour comprendre les mécanismes qui nous maintiennent dans la peur, l'égoïsme ou la confusion* », répond Arnaud Desjardins, afin de « *dénouer les nœuds* », de « *rendre conscient ce qui demeurait inconscient* » et, ajoute Andrew Cohen, de ne plus faire obstacle au processus d'évolution. « *On ne peut s'éveiller*, souligne ce dernier, *qu'en faisant face à ses impulsions les plus profondes, y compris les plus égoïstes ou les plus sombres.* » Si l'on est capable de s'observer soi-même, « *on peut savoir d'où vient une décision* », précise Lee Lozowick, par exemple « *faire* *la différence entre un mouvement de fuite et un mouvement qui devient nécessaire dans notre vie* ».

Se relier. Pour Richard Moss, « *l'essence de la vie est de tourner notre conscience vers la relation avec toute chose* », en particulier avec tout ce que nous avions peur de rencontrer jusqu'alors. Quand on commence à lâcher l'ego, explicite Joshin Senseï, « *on s'aperçoit qu'on est relié à tout* », car, ajoute Mario Mercier, « *toute vie, toute chose, attend d'être contactée* ». Le fait de se relier abolit les frontières entre *intérieur* et *extérieur*, entre *moi* et *l'autre* : ainsi que l'affirme Stephen Jourdain, « *dès l'instant où je me relie aux autres je me relie à moi-même, donc je suis en coïncidence avec moi-même, je suis en coïncidence avec tout* ». La faculté de se relier apporte enfin fluidité et abondance : « *Si nous sommes un robinet connecté avec le réservoir d'eau,* constate Amma, *l'eau coulera toujours.* »

Aimer. L'amour, ou « *l'esprit de compassion et de bienveillance* », selon les termes de Roland Yuno Rech, est pour Amma le fondement de toutes les voies spirituelles. De même, pour Thich Nhat Hanh, le premier but de la pratique est de générer un sentiment de fraternité : sans quoi « *il sera impossible,* dit le maître vietnamien, *de parvenir à l'éveil* ». C'est donc une attitude à développer, une *semence d'éveil* que nous devons arroser. Si l'amour est bien un sentiment, un état d'être que nous pouvons ressentir, il est aussi un « *art existentiel,* avance Arouna Lipschitz, *qui relève d'une discipline des droits et des devoirs relationnels* ». Aussi faut-il « *un grand travail spirituel,* complète Enzo Bianchi, *pour devenir véritablement apte à regarder l'autre avec amour et à faire acte de charité* ». En ce sens, l'amour constitue aux yeux de Lee Lozowick une « *obligation envers le divin, envers la vie ou envers la réalité* », à laquelle nous devons nous soumettre.

Mais en même temps, reprend Thich Nhat Hanh, « *la fraternité provient de l'éveil, de la vision du non-soi* ». C'est un état, approuve Amma, « *que l'on atteint spontanément lorsqu'on parvient à aller au-delà de toutes les barrières du mental* ». Même son de cloche chez Joshin Senseï : « *L'ouverture du cœur n'est pas recherchée, elle se met en place naturellement* », dès lors qu'il n'y a plus un *je* qui agit, plus de vouloir, parce que l'autre est tellement dans le prolongement de soi qu'il n'y a plus de différence. Au final, affirme Enzo Bianchi, la capacité d'aimer, même si elle est en partie le fruit de notre travail, nous est donnée par Dieu.

Se faire pauvre. La pauvreté – qui n'est pas la misère – est d'abord un dépouillement matériel, qui consiste, dit Christian Delorme à « *restaurer une certaine égalité* », en partageant, par amour, la vie des plus démunis. Mais elle est aussi un dépouillement intellectuel revenant, relate Peter Fenner, à se confronter à un niveau très fondamental à l'ignorance de qui nous sommes et de comment vivre notre vie. Choisie et non subie, la pauvreté, affirme Chritian Delorme, « *devient le signe, et même la preuve, d'une immense liberté* ». Paradoxalement, cette liberté liée à l'amour revient à s'accepter dépendant, indique Joshin Senseï, ou, dit Arouna Lipschitz, « *manquant, donc capable de demander* ». Sans la pauvreté, ou l'humilité, selon Amma, on ne peut s'ouvrir à l'autre ou à Dieu, et recevoir... C'est finalement en nous faisant pauvres que nous recevrons le plus de la vie : « *Si nous devenons zéro,* s'amuse Amma, *nous devenons un héros.* »

Accueillir ce qui est. C'est être capable de dire oui à tout ce qui advient, sans discrimination, « *sans se laisser,* dit Arnaud Desjardins, *emporter ou perturber* » – c'est un « *oui total à la terre,* ajoute Arouna Lipschitz, *à l'incarnation* ». Cette acceptation « *de ce qu'on ne veut pas, ce qu'on n'aime pas (y compris des aspects de soi-même qu'on n'aime pas)* », précise Joshin Senseï, est le fruit d'un grand travail sur soi-même. Cela dit, affirme Lee Lozowick, « *quand on peut dire oui à un niveau absolu, on peut dire non à un niveau relatif et il est important que dans certaines circonstances, on puisse dire non, même au maître* ».

Se sentir responsable. La souffrance ne peut être justifiée et elle est, atteste Annick de Souzenelle, « *un appel à comprendre que nous sommes en situation d'exil* ». Il est tout à fait légitime, et même indispensable, de vouloir s'en libérer, pour soi-même et pour les autres. Pour cela, il faut, relève Andrew Cohen, cesser de s'identifier à la victime et « *accepter d'être responsable de manière inconditionnelle des conséquences* [...] *de ce qui nous est arrivé* », refuser, prolonge Lytta Basset, « *de reproduire la violence tout en demeurant inflexible sur la vérité* ». La libération de la souffrance passe obligatoirement par une prise de conscience, par le fait d'aller, précise encore Lytta Basset, au plus profond de nous-mêmes, « *jusqu'aux blessures qui ne se sont pas refermées* », là où « *la foi primordiale,* complète Richard Moss, *a été déchirée* ».

Être* dans *le monde, mais pas* du *monde. La vie spirituelle ne consiste pas forcément à se retirer du monde, mais, dans tous les cas, comme l'indique Roland Yuno Rech, à « *changer son point de vue sur le monde* ». Pour lui, « *les "phénomènes" sont même nécessaires* » : sans eux, on ne pourrait pas s'éveiller. Betoule Fekkar Lambiotte va plus loin encore : « *La voie,* souligne cette soufie, *est un essai, une tentative de "corriger" le monde, de l'éduquer.* » Mais, tempère Andrew Cohen, « *il n'y a pas de modèle* [...]. *Ce qui importe, c'est notre motivation* ». « *Souvent,* observe-t-il, *nous nous marions, nous avons des enfants, nous choisissons un travail, etc., sous l'emprise de nos conditionnements.* [...] *Mais il se peut aussi que, par exemple, la décision de vivre en famille soit l'expression d'une conscience élevée, d'un intérêt mutuel à vivre une vie éveillée.* » Quoi qu'il en soit, l'action, pour être juste, doit être éclairée par la pratique de la prière ou de la méditation. Ce qui implique de savoir faire le silence en soi-même et d'« *avoir le courage,* comme le dit Enzo Bianchi, *de la solitude ou du "désert"* ».

Servir la volonté « divine ». Le travail spirituel consiste, pour Lee Lozowick, en une soumission de tout instant au Divin, c'est-à-dire à « *l'intelligence de l'univers* » ou, selon les termes d'Andrew Cohen, « *au processus d'évolution de la conscience* », dont la vie est une manifestation. C'est une *œuvre commune*, explicite Lytta Basset : « *Je ne peux pas dissocier ma propre action, ma bonne volonté, de ce que Dieu fait à travers moi.* » « *Le processus d'évolution a besoin de nous,* ajoute Andrew Cohen, *en tant que partenaires prêts à participer à ce processus.* » Mais nous ne pouvons vraiment comprendre ce vaste mouvement, ou le décrire avec des mots, nous pouvons seulement, dit Lee Lozowick, « *entrer en résonance avec ce processus* [...]. *Choisir de s'harmoniser avec ce processus, de façon à ne pas le perturber...* » Alors « *nous cessons,* reprend Andrew Cohen, *de vivre pour nous-mêmes et nous commençons à vivre pour le bien des autres* », ce qui est la véritable source du bonheur. Vient alors un moment où « *voyant son véritable Soi dans le miroir,* conclut Amma, *on le voit dans tous les êtres. Et l'attitude de service se produit spontanément* ».

Vivre en pleine conscience. Vivre en « pleine conscience », expression chère à Thich Nhat Hanh, c'est se tenir en permanence dans l'instant présent afin de s'éveiller à la nature profonde de ce qui est. C'est voir la vacuité dans les phénomènes (et réciproquement), voir que rien n'existe en soi mais dans l'interdépendance ou « l'interêtre », voir encore que Dieu est présent en toutes choses. C'est avoir une relation beaucoup plus consciente avec son corps et « *se laisser porter davantage,* avance Arnaud Desjardins, *par la vie qui nous anime* », sentir, complète Mario Mercier, que « *la nature est le miroir du divin* » tout comme l'homme ; c'est goûter pleinement la saveur ou la musique de tout état, car, comme l'affirme Stephen Jourdain, si on accepte de goûter cela, on découvre dans un premier temps « la face diurne », lumineuse, des choses, dans un deuxième temps que c'est « rien ». « *Quand l'ego n'a plus aucune activité,* corrobore Richard Moss, *alors même la plus sombre des sensations devient une présence vivante.* » « *Chaque pensée, chaque action, deviennent sacrées à la lumière de la pleine conscience,* conclut Thich Nhat Hanh. *Sous cette lumière, il n'y a plus aucune frontière entre le sacré et le profane.* »

Arnaud Desjardins

Le maître demeure un disciple

CERTAINS VIVENT LÀ en permanence, d'autres viennent pour des retraites de quelques jours ou quelques semaines, dans une atmosphère de silence et de concentration, où le travail tient toute sa place – aussi bien le travail sur soi que celui exercé pour la subsistance de la communauté. Le château d'Hauteville, à Saint-Laurent-du-Pape, en Ardèche, n'est pas pour autant un monastère : plutôt un ashram*, sur le modèle hindou. S'il se veut un lieu d'ouverture, de rencontre entre toutes les grandes traditions, sa vocation première est celle d'être un lieu d'enseignement. Dont le *guru**, le maître spirituel, est Arnaud Desjardins, né à Paris en 1925.

« Arnaud », comme on l'appelle ici, assume cette charge depuis bientôt trente ans. Élevé dans la tradition protestante, il a d'abord connu une première « crise » à la suite d'une grave maladie. « *Mon monde d'adolescent s'est écroulé,* dit-il. *J'ai ressenti alors vraiment la nécessité de trouver quelqu'un qui puisse m'éclairer, m'aider à comprendre.* » Cette nécessité le conduit à suivre l'enseignement de Gurdjieff* pendant quatorze ans. Puis « *une nouvelle période de doutes et de tempête, en 1958* » l'amène à entreprendre une longue retraite dans un monastère trappiste, Notre-Dame-de-Bellefontaine, en Vendée. Se crée un lien d'amitié indéfectible avec l'ancien abbé, Dom Emmanuel Coutant. « *Ma ferveur spécifiquement chrétienne s'est intensifiée* *dans le climat de la Trappe, en partageant la vie des moines. Mais je me suis rendu compte que la prière la plus sincère ne peut pas tout résoudre.* »

Réalisateur à la télévision, Arnaud Desjardins tourne dans les années soixante de nombreux films sur les sages hindous, tibétains, soufis ou japonais, films qui demeurent aujourd'hui des témoignages irremplaçables. Ces rencontres le bouleversent : « *Je ne pouvais pas nier,* souligne-t-il, *leur sagesse, leur rayonnement, leur présence, leur compassion, au nom de la théologie qui m'avait été enseignée !* » Puis il découvre celui dont il deviendra le disciple, Swâmi Prajñânpad*, alors inconnu du grand public. « *Il m'a véritablement guidé, non seulement à travers l'aspiration mystique qui a parcouru toute mon existence, mais aussi à travers les attachements humains, les peurs, les désirs qui étaient les miens.* » C'est auprès de lui, après un long cheminement, qu'il connaît un changement radical d'être et de conscience, à l'âge de quarante-sept ans.

C'est avec l'accord de Swâmi Prajñânpad – et à la demande de premiers compagnons – qu'il commence à enseigner en France. Sans craindre les réticences, et encore moins les paradoxes. « *Même si le maître pour moi a été un hindou, sur ce point il n'y a aucun doute,* affirme Arnaud Desjardins : *je n'ai jamais senti la nécessité de mettre fin à ma filiation chrétienne pour en choisir une autre.* » Aussi, s'il s'appuie d'abord sur son expérience propre pour guider ceux qui viennent le trouver, n'hésite-t-il pas à citer, afin d'appuyer ses propos, des enseignements issus de toutes les traditions. À l'image d'Hauteville, dont les murs vénérables accueillent une chapelle chrétienne, une salle d'études juives, une mosquée et un petit temple tibétain bouddhiste. Sans mélanges ni syncrétisme, ce sont, avance-t-il, « *des lieux spécifiques où chaque sensibilité peut se sentir accueillie* ».

□

Un Occidental peut-il être un maître spirituel ?

Il y a toujours eu en Occident des personnes qui ont joué le rôle de maîtres spirituels. Nombre de philosophes grecs n'étaient pas seulement des penseurs ou des intellectuels brillants. Ils ne se contentaient pas d'enseigner la philosophie comme on peut l'enseigner à l'université : ils avaient des disciples, à qui ils montraient le chemin de la sagesse. La chrétienté aussi a connu des guides spirituels, à différentes époques. Dans la tradition monastique, l'abbé, le maître des novices ou un ancien montrent la voie. D'autres, hommes ou femmes, plus ou moins connus, ont laissé des œuvres qui peuvent encore être très précieuses.

Y a-t-il des bases communes à tous les enseignements spirituels ?

On retrouve toujours la nécessité de comprendre les mécanismes qui nous maintiennent dans l'égoïsme, la peur, la confusion, ou le désarroi. On peut aspirer à un amour universel et stable, à la joie qui demeure, à la paix qui dépasse toute compréhension... En attendant, force est de constater que nous nous débattons encore dans nos conflits et nos contradictions. La demande spirituelle est souvent noyée dans les problèmes humains. Il y a donc un aspect de la voie qui, à beaucoup d'égards, est comparable à la psychologie. C'est en partie la tâche du maître de faire le lien entre l'aspiration spirituelle – et pourquoi ne pas viser très haut ? – et la réalité concrète.

La démarche spirituelle ne peut pourtant se résumer à une psychothérapie...

La psychothérapie ne suffit pas. Tout d'abord, la démarche de connaissance de soi, qui consiste à dénouer des nœuds et à rendre conscient une bonne part de ce qui est inconscient, est accomplie avec d'autant plus de détermination et d'efficacité qu'on est motivé par le grand but spirituel – ce que le Bouddha* appelait « un but différent des buts ordinaires des hommes », y compris les buts les plus légitimes comme ceux de se marier ou d'exercer un métier intéressant. Ensuite, même les psychothérapies à visée humaniste ou transpersonnelle n'ont pas une approche aussi exigeante que la démarche spirituelle. Il ne faut pas confondre l'*âtman*, mot sanskrit qu'on traduit souvent par « Soi », avec le *self* ou le soi des psychologues. L'*âtman* ne se situe pas dans le domaine psychique mais dans le domaine spirituel, qui est tout autant une réalité, mais d'un autre ordre, une réalité préalable à tous nos efforts.

Qu'est-ce qui caractérise cette réalité ?

Cette réalité ultime est, d'un certain point de vue, immanente, parce que c'est en nous qu'elle se révèle, comme un fait d'être et de conscience. Elle est en même temps complètement transcendante par rapport au niveau de conscience habituel, celui de l'ego, de la séparation. Elle se trouve au-delà de l'ego, même d'un ego purifié. C'est une mort à un niveau pour vivre à un autre niveau. Les bouddhistes parlent de *nirvâna**, les soufis de *fanâ*, termes qu'on traduit souvent par « extinction », ou « anéantissement ». Qu'est-ce qui subsiste après cet anéantissement ? Ce que les soufis appellent *baqâ*, la subsistance en Dieu. « En Lui, nous avons l'être, le mouvement et la vie », a dit saint Paul. Notre réalité ultime est de nature divine. Mais « je » ne peut pas atteindre la libération, puisque la libération, c'est l'effacement de ce « je », de ce moi, pour qu'une vie beaucoup plus universelle, qui nous dépasse complètement, puisse s'épanouir.

Si ce « je » ne peut atteindre la libération, quelle est la part de l'effort personnel ?

Il y a chez les chrétiens un grand malentendu sur ce point, en ce qui concerne les ascèses hindoues ou bouddhistes. On entend souvent dire : « L'essentiel, dans le christianisme, c'est la grâce, l'œuvre de Dieu, alors que dans les pratiques orientales, certes très respectables puisqu'elles conduisent à plus de compassion, il y a uniquement l'effort de l'homme... » C'est faux ! Aucun maître n'a jamais prétendu que le fini pouvait par ses efforts produire l'infini, que le limité pouvait par ses efforts produire l'illimité. Je propose une image très concrète, celle d'une nappe d'eau souterraine. Le sourcier, le géologue sont d'accord pour me promettre qu'il y a une nappe d'eau à quinze mètres sous mon jardin... Alors, je fais un forage et maintenant j'ai de l'eau gratuite pour arroser mon jardin. Est-ce que j'arrose mon jardin par la grâce du forage ? Non : par la grâce de la nappe d'eau ! Cela demeure vrai dans toute approche spirituelle, qu'elle ait ses racines dans le bouddhisme ou dans une voie plus manifestement religieuse comme le christianisme ou l'islam.

Dans le sourcier, ou le géologue de cette métaphore, ne faut-il pas reconnaître le maître spirituel ?

On peut avoir la conviction, par exemple, que ce que le Christ a dit est vrai et peut illuminer l'existence. Mais pour arriver à mettre en pratique son enseignement, j'ai besoin d'une aide concrète. Le maître spirituel est un peu comme un ambassadeur d'autrefois : il n'est pas le roi mais il représente le roi. Celui que les hindous appellent un *guru* est avant tout un serviteur. Dans son cœur, il demeure un disciple, redevable à chaque instant de sa vie devant son propre maître, même si ce maître est mort depuis trente ans. Le plus important dans la vie d'Arnaud Desjardins n'est pas la relation qu'il entretient avec ceux qui viennent à lui avec leurs souffrances. Le plus important est la relation qu'il entretient avec son propre maître et tous les maîtres et témoins spirituels devant qui il s'est incliné et dont la rencontre a jalonné sa route.

Même s'il demeure un serviteur, le maître joue un rôle fondamental.

Oui, si nous ne nous engageons pas dans une entreprise absurde relevant uniquement de peurs infantiles et qui consisterait à projeter sur le maître un père parfait ou une mère divine. À cette condition, la relation avec un maître est une aide précieuse. Pour un Mozart dans l'humanité, combien de virtuoses ont eu des professeurs qui leur ont montré où étaient leurs erreurs ?

Vous rejetez avec fermeté le syncrétisme et vous avez suivi une voie particulière. Vous vous appuyez cependant sur des enseignements issus de toutes les grandes traditions. Pourquoi ?

On peut exprimer la méthode à suivre en des termes sanskrits, en l'appuyant sur des citations des Upanishad*. Mais la même méthode, je dis bien la même, on peut l'appuyer sur des citations des Évangiles, cela sans falsification ni détournement. Pour exemple, cette parole de Jésus : « La lampe du corps est l'œil. Lorsque ton œil est simple, tout ton corps est dans la lumière. » L'œil (le regard) simple, objectif, c'est la vigilance, en anglais *awareness*, sur laquelle insistent tous les maîtres. Dans la tradition chrétienne, c'est « la présence à soi-même et à Dieu ». Quant au corps, tout le monde est d'accord pour dire que ce terme désigne l'ensemble de nos fonctions. Voilà un enseignement très profond, commun à toutes les traditions. Mais ce n'est qu'un exemple.

Cela nous conduit à l'idée de la pratique, ou en d'autres termes de l'exercice spirituel...

La méditation a pour but de s'exercer, dans des conditions particulières, à la lucidité, de façon à ne plus être réduit à un enchaînement de réactions assez mécaniques. Lorsque quelque chose nous concerne, notre premier mouvement est de nous en emparer, ou bien alors de le rejeter. Tantôt oui, tantôt non, tantôt j'aime, tantôt je n'aime pas... C'est la base même du fonctionnement de l'ego. Si nous sommes honnêtes, nous pouvons voir que notre existence est faite de réactions, de causes produisant en nous des effets. Dans ce jeu au fonctionnement très mécanique, nous introduisons de plus en plus, par la méditation, de conscience ou de vigilance. Notre existence, avec ses aspects heureux et malheureux, ne nous fait plus oublier sans cesse notre but spirituel. Et cela, à tout moment de la journée. Il ne s'agit pas de se souvenir de Dieu seulement dans les moments de prière ou de méditation ! C'est un des grands mots-clés de la pratique : *se souvenir*, se souvenir de Dieu sans cesse. La méditation ne doit jamais devenir une fuite. On ne médite pas *contre*, mais pour être mieux capable d'accueillir, sans se laisser emporter ou perturber. Il y a une perturbation ? Eh bien, je constate cette perturbation, je ne me laisse pas emporter par elle, je ne lutte pas contre elle non plus ; elle n'est pas destinée à durer éternellement... Cette pratique de connaissance de soi, de stabilité intérieure, de vigilance, a été trop oubliée en Occident. C'est à cet égard qu'il y a une très grande demande aujourd'hui.

Dans cette pratique, le corps tient une place centrale.

La participation du corps a toujours existé, en particulier dans la vie monastique. Tous les niveaux en nous sont interdépendants. Beaucoup de pratiques qui se répandent aujourd'hui en Occident permettent d'avoir une relation beaucoup plus consciente avec le corps, notamment avec les contractions et les relâchements. Relâcher les tensions, porter son attention sur le souffle et le laisser nous détendre, c'est se laisser davantage porter par la vie qui nous anime, qui n'a jamais cessé de nous animer. Ces détails extrêmement concrets paraissent n'avoir rien de religieux. Ils ont pourtant des liens avec les sommets de la mystique ou de la métaphysique. Il faut cependant préciser que ces exercices ne trouvent leur pleine valeur qu'au sein d'une voie totale, avec ses fondements doctrinaux et, surtout, son sens de l'absolu ou de la transcendance.

Finalement, en quoi la quête spirituelle diffère-t-elle de la recherche d'un accomplissement personnel ?

Tous les enseignements spirituels nous appellent à « la vie éternelle » – la joie parfaite, « l'éveil à la nature réelle de l'esprit », au-delà de la naissance et de la mort et de toute finitude – et soulignent la possibilité de la trouver dès cette vie, pas seulement après la mort. Si nous entendions vraiment cette « bonne nouvelle[8] », nous serions beaucoup plus motivés ! Mais les mêmes enseignements font également un constat très sévère sur la condition de l'homme ordinaire, non régénéré. Ils nous disent tous que, même si nous avons une brillante réussite dans l'existence, nous demeurons fondamentalement dans l'erreur et dans l'illusion parce que nous ne sommes pas libérés de nos conditionnements et de notre identification à l'ego. Oui, nous avons besoin d'être sauvés d'une erreur fondamentale : se croire séparé de Dieu.

À Saint-Laurent-du-Pape, le 8 mai 2000.

Pour aller plus loin avec Arnaud Desjardins

Bibliographie

— *Premiers pas vers la sagesse*, Librio, 2004.
— *Pour une mort sans peur*, Pocket, 2003.
— *Pour une vie réussie, un amour réussi*, Pocket, 2002.
— *L'Audace de vivre*, Pocket, 2000.
— *Les Chemins de la sagesse*, La Table Ronde, 1999.
— *L'Ami spirituel*, La Table Ronde, 1996.
— *Confidences impersonnelles* (entretiens avec Gilles Farcet), Albin Michel, 1994.

Contact

— Les amis d'Hauteville – Hauteville – 07800 Saint-Laurent-du-Pape.
— Tél. : 04 75 62 29 29.

Joshin Senseï

De cœur à cœur

C'ÉTAIT À L'ORIGINE une vieille ferme ardéchoise, près de Saint-Agrève, que Joshin Senseï*, la cinquantaine, a transformée voici onze ans en un monastère zen. La *Demeure sans limites*, ouverte à tous, fonctionne au rythme d'un monastère japonais : lever à cinq heures du matin, coucher à vingt-et-une heure. Tout au long de la journée, ponctuée de coups de clochette, les séances de méditation (quatre en tout) alternent avec le travail manuel, effectué en silence. Une trentaine de personnes tout au plus peuvent venir là, hommes ou femmes, pour effectuer une retraite de quelques jours ou quelques semaines.

Joshin Senseï a découvert le zen à l'âge de trente ans, à Paris, avant de partir au Japon. Là-bas, elle a reçu l'ordination de moine de maître Moriyama*, qui lui a demandé ensuite de retourner en France pour y transmettre la voie du Bouddha*. Devenue l'une des principales enseignantes du zen sôtô* en France, elle s'apprête en outre à ouvrir un lieu de vie et de méditation pour les personnes âgées près de Valence.

Toujours joyeuse, souriante, elle dirige néanmoins son monastère avec discipline et fermeté. L'horaire est respecté à la minute près, tous les gestes réalisés avec une grande concentration. Joshin Senseï applique scrupuleusement ce qu'elle a reçu de son maître, tout en l'ayant adapté au contexte occidental. « *On n'utilise pas de baguettes pour manger,* rit-elle, *et on chante les* sûtras* *en français... Je n'ai pas envie que les gens viennent ici par exotisme, cela ne m'intéresse pas. On vient ici pour soi-même.* »

□

Pratique-t-on une voie comme le zen pour soi-même ou pour les autres ?

La pratique du Bouddha ne peut se concevoir qu'avec les autres et pour les autres. Le *kanji** qui signifie « *zazen** » symbolise deux personnages assis. Et « deux », en chinois ou en japonais, veut dire « nombreux ». Dès lors qu'on se trouve sur la voie, on est ensemble, toujours ensemble. Dans ce monastère, chaque personne participe à tous les travaux. On ne travaille pas pour soi, mais pour les autres personnes qui vont venir plus tard ; et on peut vivre là grâce à ceux qui ont travaillé auparavant : par exemple, nous récoltons actuellement ce que d'autres ont semé et en même temps nous préparons le bois pour l'hiver. Ainsi chacun est comme un maillon dans une chaîne et cela permet de prendre conscience de ce qu'est un don. C'est important car nous vivons dans une société du « donnant donnant », où tout est pris comme un dû. Pour moi, tout est comme un cadeau. Dans chaque chose qui arrive vers nous, tout l'univers a participé. Des gens ont travaillé pour que je mange ce pain, mais il y a eu aussi la terre, la pluie, le soleil... Voir cela agrandit notre cœur. On devient *relié*. Maître Dôgen* disait : « Avec le temps qui passe, les autres deviennent moi et je deviens les autres. » C'est la racine de la pratique.

Donner c'est aussi recevoir !

C'est difficile aussi de recevoir, parce que cela nous engage envers l'autre. Quand on est moine, on n'a plus rien, mis à part le *kesa** reçu de son maître le jour de son ordination, des bols et de quelques vêtements de travail. Il faut tout demander, on se trouve dans une dépendance totale. Bien sûr, nous dépendons tous les uns des autres. Mais d'ordinaire, nous essayons de ne pas le voir. Quand on est moine, il faut accepter cette dépendance et cela oblige à une grande humilité. Mais au début, on aura tendance à recevoir en faisant le tri. Comment accepter ce qu'on ne veut pas : les choses matérielles, mais aussi la vieillesse, la maladie, la mort ; les personnes qu'on n'aime pas ; les aspects de soi-même qu'on n'aime pas ? C'est un grand travail avec soi-même. Petit à petit, on apprend à recevoir avec gratitude tout ce qui nous est donné et à exprimer cette gratitude avec des gestes. Être moine, c'est apprendre cela. Si on ne possède plus rien, vraiment plus rien, la moindre petite chose qui nous est donnée devient extraordinaire.

Ce que vous appelez « l'ouverture du cœur » est pour vous important...

L'ouverture du cœur[9] se fait pendant la méditation, lorsqu'on commence à lâcher un peu l'ego et toutes ses criailleries dans notre tête. On s'aperçoit alors qu'on est relié à tout, que tout est là. Elle se fait aussi par les actes, pendant le *samou** ; *zazen* et *samou* ne sont pas deux choses séparées, ce sont deux formes d'une même réalité. Aussi, l'ouverture du cœur n'est pas recherchée, mais elle se met en place naturellement parce qu'on a envie de dire merci. Pour moi, cette reconnaissance s'est d'abord exprimée envers mon maître. Que mon maître existe, qu'il ait décidé de devenir moine, de transmettre l'enseignement et que je puisse en profiter : je trouvais cela extraordinaire. La plus grande aide que puisse nous apporter un maître, c'est d'être le premier réceptacle de notre gratitude. Il rend possible cette gratitude et, ensuite, elle s'élargit à tous les êtres.

Est-ce indispensable d'avoir un maître ?

Aussi longtemps que je n'avais pas rencontré mon maître, je pensais que non ! *(rires)* Mais dès que je l'ai rencontré, j'ai compris que c'était la personne nécessaire pour avancer davantage. C'est très beau de voir quelqu'un qui a avancé plus loin, qui est différent et qui en même temps vous donne tout ; une personne complètement ouverte, complètement joyeuse, dont la vie est un jeu et qui en même temps demeure très posée, très rigoureuse. En voyant cela, toutes nos questions, toutes nos peurs tombent. De la même manière que nos parents nous ont fait cadeau de la vie, le maître nous fait cadeau de l'ouverture de cette vie...

Mais si vous posez cette question, c'est peut-être parce que dans la société occidentale, le mot « maître » évoque quelqu'un qui serait au-dessus de nous, qui ne nous laisserait pas de liberté... Alors que notre pratique est une pratique de liberté, à commencer par une liberté de nous-mêmes ; une liberté totale du corps, de l'esprit, du cœur. Le maître est quelqu'un qui incarne cette liberté.

Il y a là quelque chose de paradoxal, parce que cet apprentissage de la liberté passe par une discipline très rigoureuse.

Il en est de même pour tout apprentissage de la liberté. Voyez une grande danseuse : elle est comme un nuage qui passe, totalement libre de son corps et même libre de la loi de la gravité. Mais pour en arriver là, il lui a fallu des années d'exercice. Pour les êtres humains, il en est ainsi : la liberté a besoin d'un cadre et c'est dans ce cadre qu'elle va s'épanouir. On peut le déplorer ou s'en réjouir. Mais si on veut s'engager dans une voie spirituelle, il faut en accepter la discipline, parce que c'est elle qui va raboter l'ego.

Le maître n'est pas seulement un exemple, c'est aussi quelqu'un qui éduque.

Bien sûr ! Et c'est parfois difficile, parce que notre ego, nos désirs, s'étalent partout. Alors quand quelqu'un nous empêche de nous étaler partout, on ressent beaucoup de frustration et de colère. Là, on peut voir à quel point la colère est en premanence présente en nous, comme un volcan qui bouillonne. Voilà encore une autre chose pour laquelle on peut éprouver de la gratitude à l'égard du maître : le fait de supporter notre colère.

Qu'est-ce qu'être moine ?

En japonais, moine se dit *shukke*, ce qui signifie littéralement « quitter la maison ». Qu'est-ce qu'être moine, aujourd'hui, en Occident ? C'est choisir de ne pas aller vers ce qui fait l'intérêt de la plupart des gens : la famille, l'argent, le social, tous les plaisirs de la vie. Cela implique d'abandonner des tas choses, grandes ou petites. Au début on le refuse, car on essaie toujours de tout avoir en même temps. Mais quand on accepte d'abandonner, on va vers la légèreté... Que signifie vivre dans un monastère hors du monde sans pour autant en être séparé ? Je crois que la voie du moine, c'est de se poser cette question.

Peut-on suivre pleinement une voie spirituelle sans être moine ?

Il n'y a pas de hiérarchie, mais deux chemins différents et complémentaires. Le moine consacre sa vie au *dharma**, le transmet au laïc et le laïc aide matériellement le moine à consacrer sa vie au *dharma*. Il existe des prescriptions pour les laïcs. Ils ont cependant à construire leur propre voie dans notre société. Ici, au monastère, les pratiquants peuvent développer une autre vision de leur vie quotidienne, à partir du don, du silence, de l'espace ; mais ils devront ensuite trouver chez eux comment remettre en forme cette pratique. La pratique n'est pas une chose toute mâchouillée qu'on n'aurait plus qu'à avaler. La pratique, c'est une recherche.

Les laïcs peuvent aussi diffuser le *dharma* dans le monde...

L'existence de lieux de retraite est nécessaire. Mais le bouddhisme, s'il prend racine en Occident, ne restera pas, je pense, dans les monastères. Certains maîtres comme Thich Nhat Hanh[10] ou certains Américains[11] entreprennent d'ores et déjà des actions concrètes dans le domaine de l'écologie ou du social. Il est bon aussi que des laïcs témoignent, là où ils se trouvent, de ce qu'est la voie du Bouddha dans le monde. De multiples formes de transmission peuvent exister et je souhaite qu'il y en ait le plus possible. Car l'enseignement du Bouddha, à travers ses données premières d'unité et d'interdépendance, a vraiment un chemin à proposer au monde actuel – que ce soit dans notre rapport aux autres pays, sur le plan économique, ou dans notre rapport à la nature.

Qu'est-ce que la foi, dans le bouddhisme ?

Joshin, le nom que j'ai reçu lors de mon ordination, signifie « foi pure ». C'était une grande question pour moi, car je n'ai pas la foi au sens où on l'entend dans le christianisme. Dans un texte célèbre, le Bouddha dit : « Ne croyez pas une chose parce que je l'ai dite. Expérimentez cette chose et voyez si elle est bonne pour vous et pour les autres. Si tel est le cas, alors c'est une chose juste. » Expérimenter est difficile : nous n'aimons pas tellement les choses nouvelles qui nous bousculent. Mais la méditation nous ouvre une porte intérieure qui nous permet d'avoir confiance et de faire le premier pas sur la voie. Cette confiance s'affermit au fur et à mesure de notre avancée, c'est pour cela qu'on parle d'un chemin, d'une voie. Il est important d'avoir confiance, d'avoir la foi, pour avancer dans cette voie, car sans cela on reste dans ses propres certitudes et on n'arrive pas à s'ouvrir un minimum pour entendre une autre parole.

Dans ce cheminement, se développent la sagesse et la foi, mais aussi la compassion ?

Dans le bouddhisme, le mot « compassion » recouvre deux aspects. Le premier est celui de l'amour bienveillant, comparable à celui qu'éprouve un parent pour son enfant, qu'on étend à tous les êtres. Le deuxième est celui de la compassion en gestes, figuré par Kannon*. Ce *bodhisattva** est souvent représenté avec onze visages et de nombreux bras et mains qui symbolisent les innombrables moyens qu'il utilise pour venir en aide à tous les êtres. À ce sujet, il y a une histoire, un *kôan**, que j'aime beaucoup. Un jour, un disciple demande à son maître : « Comment Kannon utilise-t-il toutes ses mains ? » Le maître répond : « Comme une personne endormie, qui se retourne au milieu de la nuit pour remettre en place son oreiller. » C'est cela, un geste de compassion : un geste qui n'est pas décidé, qui n'est pas voulu ; juste le geste qui va nous faire nous sentir mieux à travers l'aide portée aux autres, sans aucune distance, sans aucun retour, sans aucune pensée préalable.

À Saint-Agrève, le 21 août 2000.

Pour aller plus loin avec Joshin Senseï

Contact

— La Demeure sans limites – Riou-la-Selle – 07320 Saint-Agrève.
— Tél. : 04 75 30 13 62.
— Site Internet : http://www.larbredeleveil.org

Annick de Souzenelle

Sortir de l'exil

BEAUCOUP VOIENT EN ELLE un véritable maître spirituel en qui s'allient rigueur intellectuelle et ouverture du cœur. D'autres la jugent « fondamentaliste ». Annick de Souzenelle a en tout cas initié nombre de contemporains à lire la Bible, non comme une histoire mais comme un mythe où se révèlent la nature essentielle de l'être humain et le chemin pouvant le conduire à Dieu.

D'abord élevée dans la tradition catholique, Annick de Souzenelle est devenue orthodoxe (au sein de l'Église de France) à l'âge de trente-cinq ans. Infirmière puis psychothérapeute et conférencière, elle a publié de nombreux livres de recherche et d'exégèse, dont *Le Symbolisme du corps humain*, devenu un ouvrage de référence. Trois disciplines ont nourri cette septuagénaire : la théologie, la psychanalyse et, surtout, l'étude de la langue hébraïque. « *L'hébreu,* dit-elle, *est une icône devant laquelle je suis en contemplation. Dans nos langues occidentales, nous usons des mots pour construire nos pensées et les exprimer. Dans l'hébreu, c'est le mot qui est générateur de pensée. Il vient d'en haut, c'est le Verbe divin.* »

Aussi l'enseignement d'Annick de Souzenelle vise-t-il d'abord à nous réapprendre à *lire* à la lumière de ce Verbe : les textes sacrés bien sûr, mais aussi notre vie, notre corps, notre être tout entier. Et à y reconnaître enfin, après tant d'années d'*exil*, le noyau divin qui ne nous a jamais quittés, et à nous retourner vers lui.

□

À quoi l'être humain est-il appelé ?

L'être humain est non seulement appelé à devenir un être humain – ce qu'il n'est pas encore – mais un dieu. « Dieu s'est fait homme pour que l'homme devienne dieu », ont affirmé les Pères de l'Église[12]. Mais l'homme s'est détourné de la vocation qui devait faire de lui un dieu. Nous sommes aujourd'hui dans une situation d'exil, un exil qui s'est normalisé au point que nous n'imaginons plus pouvoir en sortir. Même les religions se contentent le plus souvent d'aménager au moins mal cette situation, sans permettre d'en sortir.

Comment se caractérise cet exil ?

La lecture de la Genèse permet d'éclairer cette question. Adam[13] choisit de manger le fruit de l'arbre de la Connaissance* des mains de Satan, c'est-à-dire de l'extérieur, et non pas en mûrissant à l'intérieur de lui-même selon la voie divine. Le texte dit : « La terre (*adamah* en hébreu) est maudite dans son rapport à toi[14]. » Le rapport entre Adam et sa terre intérieure s'effondre. Cette *adamah* est le pôle non accompli d'Adam, qu'il a à réaliser. Mais le fait d'avoir pris le fruit lui donne l'illusion d'être arrivé à l'accomplissement total de soi et il n'a plus aucun regard vers son non-accompli intérieur. C'est cela, l'exil. C'est être coupés de notre intériorité et du noyau divin, de l'image divine que nous sommes. Je dis « nous » car le mythe de la Genèse concerne bien entendu chacun d'entre nous, à chaque instant. Nous n'avons plus conscience d'avoir à opérer la transmutation de notre monde intérieur pour devenir vraiment le fruit de l'arbre de la Connaissance, c'est-à-dire entrer dans l'existence déifiée.

Peut-on dire que notre intériorité est d'essence divine ?

Et comment ! Dès le premier verset de la Genèse, il nous est dit : « Dans le principe[15], Dieu crée les cieux et la terre. » Les cieux, *shamaïm*, peuvent se lire étymologiquement comme « le *Shem* dans les *maïm* », c'est-à-dire « le Nom – le Saint-Nom – dans les eaux ». Il s'agit de la personne unique de chacun, qui est tenue cachée, secrète, dans les eaux. La terre, c'est le sec, et les eaux, qui représentent dans toutes les traditions un potentiel énorme d'énergie, sont appelées à devenir du sec[16] ; l'inconscient est appelé à devenir du conscient. Nous avons ainsi à faire croître le Nom, le Fils de l'homme[17] – car le Nom, c'est essentiellement le Fils de l'homme – qui est à l'intérieur de nous. Mais quand nous sommes en situation d'exil, nous n'avons plus conscience de tout cela. Toutes les énergies qui sont à l'intérieur de nous (qui sont comparées dans nos textes au monde animal) ont la bride sur le cou et nous font prendre continuellement des vessies pour des lanternes.

Comment sortir de l'exil ?

Sortir de l'exil, c'est devenir une *personne*. C'est changer d'identité, opérer un *retournement* (*techouvah*), une conversion à soi-même dans ce qu'il a d'intérieur, en retrouvant les normes ontologiques. Dieu, tout en montrant à Adam les conséquences de son choix – ce qui n'a rien à voir avec une punition – lui indique en même temps comment sortir de sa situation : « À la sueur de tes narines, dit-il, tu mangeras ton pain, jusqu'à ce que tu retournes à la terre, parce que tu es poussière, et vers la poussière retourne-toi[18]. » Adam s'est rendu esclave de Satan et il est seul responsable de sa souffrance. Mais Dieu lui dit de se retourner vers sa *adamah* intérieure et vers sa qualité de poussière. La poussière, c'est cette multitude d'énergies potentielles qui sont à l'intérieur de nous et qui sont appelées à devenir le divin. Et tant qu'on en est détourné, on demeure de bons (ou méchants !) petits animaux. On reste dans une situation animale, sans ce pouvoir essentiel que possède l'homme de symbolisation, de reconduction de toutes ses énergies à leur origine première.

Finalement, être un bon ou un mauvais animal, cela ne change pas grand-chose...

Cela est en tout cas relatif. La morale doit dépasser la morale et le corps animal se spiritualiser. À tel point que l'hébreu n'a pas de mot pour désigner le corps tant que nous sommes un corps animal. Pour nos textes sacrés, l'homme animal est un cadavre. Le corps n'exprime quelque chose de vivant que lorsque nous entrons en résonance avec la personne intérieure, qui est aussi appelée « la chair ». La chair, *basar* en hébreu, est faite de *bar*, le fils, et de la lettre *Sin*, qui exprime l'esprit en l'homme. Ces deux pôles constituent notre personnalité dès notre situation d'exil. Le côté *bar* fait de nous des êtres parlants ; c'est le côté structurant, logique. Le côté *Sin* est celui qui peut nous faire pénétrer le féminin intérieur dans ses plus grandes profondeurs. Si les deux ne sont pas équilibrés – et c'est souvent le cas – ce peut être la folie ou alors le rationalisme.

La transmutation passe-t-elle autant par le corps que par l'esprit ?

Le corps et l'esprit sont intimement liés. C'est tout le psychisme intermédiaire qui est à transmuter, à transformer. La plupart du temps, ce psychisme est dévoré, comme le dit le texte, par le Satan « qui mange la poussière[19] ». Nous nous laissons dévorer par cette force adverse[20], au lieu de la prendre en main et de l'accomplir – ce qu'a fait le Christ et que nous pouvons faire nous aussi, grâce à lui. Cependant, lorsque nous accomplissons nos énergies, lorsque nous en faisons de la lumière, du conscient – de l'information –, cela s'inscrit dans chaque cellule du corps, qui devient lumière.

Que représente Satan concrètement, dans notre vie ?

Satan, dans l'Évangile, est qualifié de « prince de ce monde[21] ». C'est dire que nous sommes confrontés à lui à chaque instant. Lorsque nous avons un geste à faire, une décision à prendre, une parole à donner, qui va jouer en nous ? Est-ce un homme conscient ? Ou est-ce un de ces petits monstres que nous portons à l'intérieur de nous et que le Satan a en main, qui va nous faire croire que nous posons un acte libre alors que nous sommes liés dans un esclavage tout à fait tragique ? Nous avons à faire le retournement très souvent dans la journée, pas seulement dans les grandes épreuves.

Vous avez évoqué la souffrance. A-t-elle un sens pour vous ?

La souffrance n'a aucun sens en soi, elle n'est pas ontologique. Elle est le fait de l'homme, car il a choisi une voie différente de ce qu'était le projet divin sur lui. Mais à partir du moment où elle est là, nous pouvons, sans pour autant la justifier, lui donner un sens de purification. Le mot « souffrance » apparaît pour la première fois dans la Genèse lorsque Dieu dit à Ishah, la femme : « Tu enfanteras tes fils dans la douleur[22]. » C'est en situation d'exil que mettre au monde le fils intérieur devient très difficile. Nous sommes tellement identifiés à nos énergies intérieures aux mains du Satan que nous arracher à elles est comme nous arracher la peau[23]. Alors évidemment, c'est très douloureux. Voyez toutes les souffrances que nous engendrons aujourd'hui dans le monde avec une telle inconscience. Mais Dieu laisse l'homme aller, jusqu'à ce qu'il prenne conscience.

Peut-on dire que la souffrance est un appel à comprendre que nous sommes en exil ?

Mais naturellement ! J'ai montré dans *Le Symbolisme du corps humain* que chaque organe, chaque membre est lié d'une façon très intime avec un corps beaucoup plus subtil et que ce corps énergétique est programmé pour devenir homme puis dieu. Mais dans notre situation d'exil, nous créons une discordance totale entre notre corps énergétique et notre corps physique, discordance qui est à l'origine de la maladie.

La psychanalyse ne peut-elle pas nous aider à comprendre ce type de discordance ?

Oui, si elle est bien conduite. Mais je crois qu'il faut chercher le pourquoi du devenir et pas uniquement le pourquoi du passé. Selon ce merveilleux archétype qu'est l'échelle de Jacob, nous avons à gravir des échelons, et les événements nous sont donnés à un échelon de notre être pour que nous allions vers l'échelon supérieur. Ce n'est que lorsque nous nous trouverons sur l'échelon supérieur que nous comprendrons le pourquoi de ce qui nous a fait y aller, donc de la souffrance.

Quelles sont les principales étapes de ce chemin ?

Ses grandes étapes sont inscrites dans notre corps, essentiellement dans notre corps énergétique. Nous avons à passer par différentes matrices : la matrice d'eau qui se trouve au niveau du ventre, la matrice de feu, au niveau de la poitrine, et puis la matrice du crâne. Nous pouvons rester engloutis dans le monde de l'eau ou bien au contraire commencer à prendre conscience et à entendre la voie divine. C'est ce qui arrive à Noé. Il entend Dieu lui dire : « Construis ton arche », et il sort de la matrice d'eau pour construire au-dessus du déluge et emmener avec lui toutes ses énergies-animaux pour les traiter à l'intérieur de l'arche, c'est-à-dire dans la matrice de feu. C'est dans cette matrice que vont se vivre les morts et les résurrections nécessaires, pour aller vers la réalisation totale de nous-mêmes. Dieu la demande à tous les êtres, comme il l'a demandée à Avram[24] lorsqu'il lui a dit : « Va vers toi[25] »... Vient enfin la matrice du crâne, qui demeure très mystérieuse, mais dont nous pouvons avoir un aperçu à travers la mort, la descente aux enfers et la résurrection du Christ.

Toutes ces étapes symbolisées par notre corps doivent-elles nécessairement être franchies ?

Oui, mais elles peuvent être franchies plus ou moins vite par chacun, selon l'héritage que nous avons reçu de nos ancêtres. Marie, mère de Dieu, a par exemple fait le chemin très vite, car elle a été préparée par toute une montée de sève messianique. Selon l'Évangile de Jacques, Marie entre dans le temple, c'est-à-dire dans la matrice de feu, à l'âge de trois ans, et y reste neuf ans (neuf est un chiffre d'accomplissement). Quand elle en sort, elle reçoit la visite de l'ange et c'est alors qu'elle va mettre au monde le Sauveur[26]... Mais nous ne pouvons sauter à pieds joints à travers ces étapes, car nous nous brûlerions et serions dans l'illusion. Or, il n'y a pas pire danger pour un être spirituel que l'illusion.

À Paris, le 7 février 2001.

Pour aller plus loin avec Annick de Souzenelle

Bibliographie

— *Manifeste pour une mutation intérieure*, Le Relié, 2003.
— *Résonances bibliques*, Albin Michel, 2001.
— *Le Féminin de l'être*, Albin Michel, 2000.
— *Œdipe intérieur*, Albin Michel, 1999.
— *La Parole au cœur du corps* (entretiens avec Jean Mouttapa), Albin Michel, 1997.
— *L'Égypte intérieure ou les Dix Plaies de l'âme*, Albin Michel, 1997.
— *Alliance de feu : une lecture chrétienne du mythe de la Genèse* (2 vol.), Albin Michel, 1995.
— *Le Symbolisme du corps humain*, Albin Michel, 1991.

Contact

— La Chapelle – 49190 Rochefort-sur-Loire.
— Site Internet : http://souzenelle.free.fr

Christian Delorme

La pauvreté pour horizon

LES MÉDIAS EN ONT FAIT le « curé des Minguettes » (cette banlieue de Lyon où les voitures ont brûlé pendant l'été 1981), et continuent à le surnommer ainsi bien qu'il n'ait jamais été responsable de la paroisse... Christian Delorme, prêtre catholique né en 1950, s'est, il est vrai, révélé au grand public en se faisant le porte-parole des jeunes des cités. Il était alors permanent de la Cimade (une organisation œcuménique promouvant la solidarité avec les étrangers) avec la bénédiction de Mgr Decourtray*. Entre grèves de la faim et entretiens avec le Président de la République, son grand « fait d'armes » fut l'organisation de la fameuse « marche des Beurs » de Marseille à Paris en 1983 – marche qui déboucha, faut-il le rappeler, sur l'instauration de la carte de séjour de dix ans pour tous les étrangers !

Christian Delorme a choisi d'être prêtre parce que, affirme-t-il, il a trouvé en la personne de Jésus « *un lieu de guérison, un lieu d'unification, une source d'amour, de paix, de force, de joie* ». Mais il est aussi un grand artisan du dialogue interreligieux, en particulier avec l'islam. « *Chaque religion,* constate-t-il, *est capable d'apporter un nouvel éclairage pour ma propre foi.* »

Officiant aujourd'hui à Lyon, où il est né, Christian Delorme ne se trouve plus guère sous les feux de l'actualité. Il n'en a pas pour autant cessé ses combats, inspirés de Gandhi et de Martin Luther King*, ses héros d'adolescence. À leur exemple, il a fait de l'humanité tout entière sa famille, avec une place toute particulière pour l'humanité souffrante et pour l'humanité « autre » – qui, bien souvent, se confondent.

□

Votre cheminement vous a conduit à vous engager très fortement auprès des pauvres et des « exclus ». La pauvreté représente-t-elle, à vos yeux, un scandale ?

L'immense majorité des hommes n'a pas accès à une vie digne, n'ayant ni de quoi se nourrir ou se loger, ni de quoi se cultiver ; je suis bouleversé par cette injustice fondamentale depuis mon adolescence. Si Jésus dit : « Heureux les pauvres... », c'est parce que le cœur de Dieu est touché par leur souffrance et qu'ils seront consolés, et non parce que la pauvreté constituerait un bonheur en soi. Il ne fait pas un éloge de la misère et de la souffrance ! Il invite en revanche ceux qui sont nantis à éprouver de la compassion pour les pauvres et à partager leur vie. Or on ne peut pas vivre avec les pauvres sans se faire pauvre soi-même...

Est-ce une invitation à vivre comme Jésus ?

Oui, mais je suis horripilé par certains discours qui tendent à nous présenter Jésus comme un modèle de pauvreté absolue. Il y a des millions de gens qui sont bien plus pauvres qu'il ne l'a été et d'autres qui sont torturés dans des commissariats et qui souffrent bien davantage qu'il n'a souffert. La Croix me touche non par son exception mais par sa banalité, et la résurrection me touche parce qu'elle est rébellion contre toutes les crucifixions. Il ne s'agit pas d'être pauvre pour entretenir la pauvreté, mais pour restaurer une certaine égalité.

Ne peut-on éprouver malgré tout un certain bonheur à vivre dans la pauvreté, dès lors que celle-ci n'est pas subie mais choisie ?

Dans ce cas, la pauvreté devient le signe, et même la preuve, d'une immense liberté. Mais je n'en suis pas là. Il me faudrait me séparer de toutes sortes de choses qui m'aliènent encore, qui m'« esclavent » comme disent les rappeurs : le besoin de sécurité, tant matérielle qu'affective, toutes mes peurs, mes projections, etc. Le dépouillement dont il est question ici – qui est à la fois matériel et spirituel – constitue pour moi un rêve à atteindre, un peu comme un horizon. En attendant *(rire),* je me contente d'enseigner la simplicité. Avoir le goût des choses simples, le goût de la simplicité dans les relations humaines, il me semble que c'est déjà un bon chemin.

Justement, l'Église a perdu de sa puissance et de sa superbe et beaucoup pensent que c'est une chance pour elle. Partagez-vous cette opinion ?

La déchristianisation a commencé il y a plusieurs siècles en Occident. Ce n'est pas seulement l'Église qui s'effondre, c'est aussi la foi chrétienne. Je ne suis pas sûr que tout le monde en soit conscient. La transmission du savoir et l'adhésion à un certain nombre de certitudes ne vont plus de soi, et l'Église n'a pas su adapter son langage et sa pédagogie à ce nouvel environnement culturel. Une grande partie de ce qu'on fait, de ce qu'on continue de faire mécaniquement, tourne de plus en plus à vide et ne rejoint pas la grande masse des gens. Je suis travaillé quotidiennement par cela, car je me sens responsable du message évangélique et je m'interroge sur ce qu'il convient de faire. En même temps, je demeure optimiste. Il y a des chances de renouveau, des choses qui germent. Certaines institutions peuvent mourir, mais pas l'Évangile.

Quelles sont selon vous ces chances de renouveau ?

De grandes révolutions sont à opérer. D'abord parler depuis sa propre expérience et non plus seulement depuis un magistère. Ensuite, changer sa façon d'être. Peut-on annoncer que le Christ nous invite à la joie et en même temps avoir une tête d'enterrement ? Peut-on, à l'inverse, comme le pratiquent certains groupes qui me mettent franchement mal à l'aise, chanter sans cesse des *alléluias* alors que nous avons les pieds dans un monde de souffrance ? Il y a là un équilibre à tenir – une tension plutôt – entre une joie tranquille due à la présence de l'amour et la réalité fondamentale de la souffrance dans le monde. Une personne comme mère Teresa a réussi à vivre authentiquement ces deux bouts de la réalité : la compassion pour les pauvres, le devoir de pleurer avec eux, d'une part, et la sérénité liée à une confiance totale dans un Dieu qui aime le monde, d'autre part. Pour moi, cette femme est une figure emblématique de l'Église du troisième millénaire... même si elle s'est beaucoup trompée politiquement.

Vous évoquiez la nécessité de parler depuis sa propre expérience... Diriez-vous que l'Église manque de maîtres spirituels ?

Mieux vaudrait dire « ami spirituel » comme le fait Arnaud Desjardins[27], ou « témoin », car pour les chrétiens il n'y a qu'un seul maître : Jésus. Mais à cette réserve près, je dirais que oui. L'Église catholique n'est plus habituée à la transmission par des maîtres spirituels depuis le Moyen Âge. À l'époque, on enseignait à partir des monastères. Je vois un espoir dans le fait que, depuis trente ans, ces derniers s'ouvrent à nouveau au monde. Les moines ne témoignent pas seulement par le verbe, mais d'abord par une qualité d'être, qui va être une nourriture, un facteur d'enseignement pour les gens.

Vous êtes aussi profondément engagé dans le dialogue interreligieux – d'ailleurs bien davantage en homme de

terrain qu'en théologien. Pourquoi un tel intérêt, au-delà des circonstances, pour les autres religions ?

Je m'intéresse plus aux hommes qu'aux religions. La vérité d'une religion, ce n'est pas sa doctrine, mais ce qu'en font les hommes et ce que cela change dans leur vie. Je ne suis attiré, par exemple, ni par l'islam, ni par le bouddhisme. Mais certains musulmans ou certains bouddhistes que j'ai rencontrés sont pour moi des lumières sur nos routes humaines. Je ne vais pas aller leur donner des leçons ! J'essaie plutôt d'avoir sur les religions, les cultures, les gens, le regard que Jésus avait sur eux, c'est-à-dire toujours un regard d'amour, positif. Les seuls hommes auxquels Jésus s'est heurté sont les hommes de pouvoir, en particulier de pouvoir religieux... ce que je suis en étant prêtre. Alors j'essaie de ne pas oublier cet enseignement, en travaillant sur moi pour vivre mon ministère comme un service et non comme un pouvoir.

Que vous a appris cependant le bouddhisme ?

Je ne tiendrais sans doute pas ce discours sur la réalité première de la souffrance si je n'avais rencontré le bouddhisme. Pour les bouddhistes, il est légitime de vouloir se libérer de la souffrance pour soi-même et pour les autres. Nous aurions intérêt, nous autres chrétiens, à prendre en compte cet enseignement. Le christianisme a trop insisté, à la suite de saint Paul, sur l'aspect rédempteur de la souffrance. Je pense en revanche, contrairement aux bouddhistes, que si on peut faire beaucoup de chemin seul, on ne peut se libérer seul complètement.

Et l'islam ?

Ce qui me frappe, c'est l'enracinement de nombre de musulmans dans la prière. Le musulman croyant sait s'abandonner en Dieu avec une confiance extraordinaire. Cela me travaille, car peu de chrétiens sont capables de cet abandon.

Que représente la prière pour vous ?

C'est ce qui permet de boire à la source, d'entrer en relation avec ce qui pour chacun d'entre nous est la source. C'est regarder vers Dieu – et pour moi Dieu a le visage du Christ. Mais c'est aussi se laisser regarder. La prière est un échange de regards. Tel que je le vis, le regard de Jésus est celui que décrit Jean dans la rencontre avec la Samaritaine : un regard qui me voit dans toute la vérité de mon être, avec sa part d'ombre et de lumière. C'est un regard qui connaît, mais sans juger, qui au contraire relève et entraîne avec lui.

Concrètement, comment faire pour vivre cet échange ?

Certains ont besoin de s'isoler, de demeurer longtemps en silence, et vont choisir pour cela des moments privilégiés dans la journée. En ce qui me concerne, je ne suis pas assez organisé *(rire)* ! Alors je rentre en prière au cœur même des événements que je traverse. C'est une prière qui jaillit spontanément, presque comme une respiration. Le plus souvent, les mots qui me viennent sont ceux de la Prière du Cœur : « Seigneur Jésus-Christ, prends pitié de moi, pauvre pécheur. » Ils expriment ce que j'éprouve face à la vie : un sentiment de fragilité, d'indignité, mais aussi de confiance absolue.

Vous semblez toujours en quête d'une vérité qui vous soit propre, personnelle. Pourquoi une telle recherche, alors que vous être prêtre d'une Église qui s'est chargée, tout au long de son histoire, d'énoncer ce qu'est la Vérité ?

Lorsque Jésus dit : « Je suis la Vérité », cela veut dire : ce qui est authentique, sans tricherie, sans mystification. Ce n'est pas la vérité en tant que système dogmatique. Personne ne peut prétendre s'approprier la vérité. Comme disait Gandhi : « Dieu seul est vrai. » Et Dieu est au-delà de tout. Aussi toute vérité est-elle à redécouvrir, avec l'aide de Dieu, dans une expérience, parce que tant qu'on ne l'a pas expérimentée elle reste une abstraction. Cela ne signifie pas pour autant que toutes les traditions religieuses de l'humanité, en particulier la révélation biblique, sont inutiles : elles sont des repères sur le chemin. Il est nécessaire de demeurer conscient que notre propre histoire influe sur notre approche de Dieu, et de vérifier que nous empruntons des chemins que d'autres ont déjà pris. Sinon, on risque de se laisser berner par nos propres illusions.

À Lyon, le 9 février 2001.

Pour aller plus loin avec Christian Delorme

Bibliographie

— *Prières au Christ : en parcourant les Évangiles*, Desclée de Brouwer, 2004.
— *Chemins de croix, chemins de foi*, Desclée de Brouwer, 2003.
— *Les Banlieues de Dieu* (entretiens avec Luc Balbont et Rachid Benzine), Bayard, 1998.
— *Prier quinze jours avec Martin Luther King*, Nouvelle Cité, 1998.
— *Nous avons tant de choses à nous dire...* (entretien entre Christian Delorme et Rachid Benzine), Albin Michel, 1997.

Contact

— 302, avenue Jean-Jaurès – 69007 Lyon.

Betoule Fekkar Lambiotte

Dieu est Un

« MAIS QUI SUIS-JE pour répondre à vos questions ? a-t-elle lancé dans un grand éclat de rire. Rien du tout ! » Si Betoule Fekkar Lambiotte, soufie disciple du cheikh Khaled Bentounès*, a finalement accepté de figurer dans ce livre, c'est, dit-elle, parce que « *peu de femmes musulmanes ont la possibilité de s'exprimer... Alors, c'est d'accord, je veux bien être la musulmane de service* ».

Avec douleur et émotion, elle a d'abord évoqué son histoire. Sa famille ? « *Une famille soufie depuis des générations, un curieux mélange de foi très pratiquante et de tolérance, d'ouverture.* » Née au Maroc, Betoule grandit en Algérie, à Saïda. Son père, figure tutélaire qu'elle vénère, refuse la nationalité française, car « *l'accepter aurait consisté à abjurer le statut coranique et par là-même, à renier l'islam* » (c'était dans les années trente !) mais encourage en même temps sa fille à ne pas porter le voile et à poursuivre ses études. C'est ainsi que Betoule Fekkar Lambiotte devient l'une des premières bachelières musulmanes de l'Oranais.

Elle est aussi la première jeune fille à rejoindre les rangs du FLN[28], dès 1955. Lorsque son père l'apprend, c'est le drame. « Jamais nous n'avons fait de politique... Tu es le déshonneur de la famille ! » Il la marie alors avec un homme deux fois plus âgé qu'elle (elle a alors dix-huit ans), dont elle aura deux enfants. Elle n'en continue pas moins de militer. Elle se fait arrêter plusieurs fois, entre dans la clandestinité. « *J'ai pensé que j'allais mourir... Que faire dans ces cas-là ? Je suis allée à la confrérie Alawiya*. J'ai entendu le cheikh dire : il faut aimer même ton ennemi... Cela m'a révoltée ! Mais c'est comme cela que j'ai commencé à pratiquer.* »

Après le 6 juillet 1962, la jeune « résistante » (qui entre-temps s'est réconciliée avec son père) peut enfin revenir chez elle. Il ne reste plus rien de la maison. « *Plus rien. J'ai simplement retrouvé une pantoufle de ma fille. Je me suis effondrée... Puis, à un moment, un mouvement de reconnaissance est venu en moi. Il n'y avait plus rien que Lui. Je me suis dit : Dieu fait très bien les choses. Et j'ai eu le sentiment de grandir un petit peu.* »

Une autre histoire commence : celle de l'indépendance, la sienne et celle de l'Algérie. Betoule Fekkar Lambiotte intègre l'École normale supérieure, fait carrière dans l'enseignement puis dans les relations internationales – ce qui la conduit notamment à devenir conseillère de Léopold Sédar Senghor[29] – tout en continuant son cheminement dans le soufisme*. De ces années elle tire une leçon : « *Il est beaucoup plus facile de se détacher de l'argent que du pouvoir.* » Mais après une intervention chirurgicale, elle est plongée dix-sept jours dans le coma. « *J'en suis sortie hémiplégique et aphasique,* dit-elle. *J'ai mis trois ans à m'en remettre. Mais c'est à partir de ce moment-là seulement que tout s'est mis en place, que j'ai pu avoir une vie intérieure paisible et que j'ai commencé à vivre réellement le soufisme.* »

Une vie intérieure qui ne l'empêche pas de demeurer une militante : Betoule Fekkar Lambiotte a fondé en 1998 l'association « Terres d'Europe » qui a pour vocation de réfléchir à l'intégration de l'islam en Europe et de la favoriser aussi bien sur le plan culturel que sur le plan social. Betoule est aussi la seule femme à avoir participé à la création du Conseil français du culte musulman.

□

Que signifie vivre en soufi ?

C'est d'abord être convaincu de l'unicité de Dieu. Comme disait, je crois, Amadou Hampatê-Bâ : « Dieu devait être polygame. Il a eu une femme juive, une femme chrétienne, une femme musulmane... » (*rire*). Mais Dieu est Un.

Est-ce affaire de foi ?

La raison précède la foi. Lorsque l'ange Gabriel s'adresse pour la première fois au Prophète[30], il lui dit : « Lis ! — Moi ?, répond Muhammad, mais je suis analphabète ! — Lis quand même ! » Autrement dit, c'est la raison qui permet d'arriver à la foi. Observer les cinq piliers de l'islam*, les rituels, la loi, tout cela est la raison et cela fait partie de la vie du soufi. Mais la foi, c'est autre chose, c'est un petit degré au-delà.

Affirmer l'unicité de Dieu, est-ce affirmer l'unicité de l'être ?

Je crois que le minéral, le végétal, l'animal, l'humain, sommes tous de la même espèce. La création est une lumière. Selon que cette lumière éclaire tel ou tel aspect, elle donne du minéral, ou bien du végétal, etc. Nous sommes tous obsédés par la question de la vie et de la mort ; c'est comme si on se prenait pour le nombril du monde. Mais être soufi, c'est avoir une immense confiance et considérer que vivre ou mourir n'est pas la question. La question, c'est le changement d'état intérieur.

Cependant, cette confiance que vous évoquez ne peut pas se décréter. Le soufisme n'est-il pas un chemin, une voie, pour y parvenir ou du moins s'en approcher ?

Bien sûr, il y a un chemin. Mais au bout du compte, qu'est-ce que ce chemin ? C'est la capacité de solitude. Il faut pouvoir être seul pour pouvoir être ensemble. Je pense à ce livre de

Malcom Lowry, *Ultramarine*[31], que j'ai passionnément aimé. Un homme « pur » y part en croisière pour rompre avec son univers habituel. Sur le bateau, il rencontre un autre homme, un marin, qui lui paraît absolument abominable. Le livre relate l'histoire de leur confrontation, très dure. À la fin, cependant, le premier en vient à dire au second : « Je suis toi. » Quels que soient les aléas de la vie, quelle que soit notre nature profonde, ou quel que soit ce qui apparaît à l'extérieur, on finit par retrouver cette identité. Alors bien sûr je médite, je participe aux séances de *dhikr**, je pars en retraite... Mais il arrive un moment où on est au-delà de ces choses.

Voulez-vous dire qu'il y a un moment où la pratique, les exercices, les rituels, ne sont plus nécessaires ?

Oui : ce sont des béquilles. Il vient un moment où le sens de la vie spirituelle se situe ailleurs. Cependant, il faut continuer à pratiquer, parce que c'est une discipline et qu'on ne peut pas se passer de discipline. La pratique est une étape. Elle est en elle-même limitée, mais elle permet d'aller ailleurs, elle crée une ouverture et ce qui se passe alors est de l'ordre de l'indicible. Chaque voie, chaque religion a ses propres pratiques. Si nous ne les observions pas, nous resterions dans la confusion. « Nous vous avons voulus multiples... », est-il écrit dans le Coran. Chaque fleur a sa propre couleur, dégage son propre parfum. Et « lorsque ces fleurs se trouvent ensemble, à condition de rester elles-mêmes, elles forment un magnifique et unique bouquet », disait le cheikh Adda Bentounès.

Quel rôle joue l'initiation dans le soufisme ?

L'initiation est infinie, elle est parallèle à notre vie. Chaque initiation est vécue comme une mort, une mort du *nafs*. *Nafs*, c'est l'âme dans ce qu'elle a de non respectueux de la vie de l'être : c'est le contraire de *rûh*, qui signifie « âme », aussi, mais dans le sens de souffle, d'esprit. À chaque initiation, on perd un peu de son *nafs* et on avance un peu plus loin dans la connaissance. Mais on ne peut guère en parler. En Afrique, où j'ai longtemps travaillé, les initiations demeurent secrètes. On atteint là les limites du dialogue, en particulier du dialogue interreligieux. Un rabbin, un moine chrétien, un cheikh, peuvent-ils dire où ils en sont réellement ? En d'autres termes : au-delà des banalités qui sont souvent débitées dans ce type de dialogue, qu'en est-il de notre réalité personnelle ?

Il ne s'agit donc pas seulement de franchir des étapes dans la connaissance, mais dans des états d'être ?

Vous savez, lorsque je me suis assise au milieu de ma maison entièrement détruite, cela a été une initiation. Ce qui sous-tend l'initiation, c'est la perte. On perd, on perd, on perd et on ne garde que l'essentiel. Mais qu'est-ce que l'essentiel ? Je ne sais pas. L'essentiel, c'est comme un oignon ; on perd des pelures mais au cœur de l'oignon, il n'y a rien, c'est le vide. Quand on tourne autour de la Kaaba*, lors du pèlerinage à La Mecque, on tourne autour d'un bâtiment vide. On dit que Dieu est présent, mais physiquement c'est vide.

Ce vide, c'est la nature réelle des choses ?

Bien sûr ! Tout à l'heure, quand je vous parlais de ma vie, il y a eu un moment de grâce. Dès lors, peu importe qui vous êtes et qui je suis, peu importe la raison pour laquelle vous êtes venu. Peut-être tout n'a été que pour arriver à ce moment-là. Vous comprenez ? C'est cela l'initiation. Vivre les choses, les apprécier pleinement – le sourire du Bouddha* [*Betoule désigne une belle tête de bouddha* sculptée qui veille au-dessus de nous*], un verre de thé, une compagnie, etc. –, les goûter pleinement... et en même temps rien de tout cela n'a d'importance. Je suis entourée de beauté mais ma chambre est blanche et nue. Et j'ai besoin de ce lieu vide pour pouvoir intérioriser toute la beauté du monde.

Être dans la voie, est-ce se retirer du monde, dans la solitude ? Ou bien au contraire aller vers le monde ?

Ce n'est surtout pas un retrait du monde. C'est une acceptation du monde et c'est un essai, une tentative, de « corriger » le monde, de l'éduquer. Ou plutôt, d'essayer de faire percevoir à autrui que les choses peuvent se passer autrement. Je me sens avant tout éducatrice – ça doit être dans mes gênes ! (*rire*). Quel que soit l'endroit, j'éprouve le besoin d'agir sur le monde. Le tout, c'est d'en prendre le temps. Je ne me retire, peu souvent, que pour me ressourcer, afin de pouvoir affronter les épreuves, ou prendre des décisions douloureuses.

Est-on responsable du monde dans lequel on vit ?

En partie, oui. Que chacun influe dans sa sphère, humblement – l'humilité est une vertu première. Nous ne sommes rien du tout, mais nous pouvons apporter notre grain de sable, sans se faire d'illusions. Avoir un sentiment de responsabilité est un sentiment qui nous honore et honore les autres.

On a coutume de dire que les soufis sont des chercheurs de vérité...

C'est vrai, mais je ne me sens pas dans ce registre-là. Est-ce par modestie ? Non ; simplement, cela ne me vient pas à l'esprit. De grands mystiques peuvent se dire chercheurs de vérité. Mais nous, nous avons juste à apporter notre grain de sable au monde qui nous entoure et à nous-mêmes, si nous le pouvons.

Avez-vous quand même le sentiment de chercher quelque chose ?

On peut vivre les yeux ouverts ou les yeux fermés. Si l'on vit les yeux ouverts, alors, forcément, on cherche. On cherche le meilleur, on cherche l'essentiel et par là même on se débarrasse de l'accessoire. Plus exactement on cherche *son* essentiel, qui n'est peut-être pas celui de l'autre, car nous sommes tous le produit d'une histoire.

Pour conclure, aimeriez-vous citer une phrase du Coran ou d'un maître soufi ?

Je choisirai cette phrase de Rabî'a al Adawiyya*, qui a été le véritable point de départ de ma foi : « Il faut brûler le paradis et éteindre le feu de l'enfer pour qu'il ne reste plus que Lui » – ou Son amour. En disant cela, Rabî'a se promenait dans les rues de Basrah (en Irak) en tenant dans une main une torche et dans l'autre un seau d'eau... L'amour humain, lorsqu'il est authentique, est une préparation à l'amour de Dieu. La liberté, la générosité, le respect, le don de soi, tout ce qui peut se passer entre deux êtres humains, dans l'amour ou l'amitié, nous préparent à l'amour ultime.

À Paris, le 2 juillet 2001.

Pour aller plus loin avec Betoule Fekkar Lambiotte

Contact

— Terres d'Europe – 28, rue Le-Regrattier – 75004 Paris.
— Tél. : 01 46 34 70 29.

Richard Moss

Au commencement de nous-mêmes

RICHARD MOSS, né à New-York en 1947, a exercé la médecine jusqu'en 1976, moment où il a connu une « transformation radicale », qu'il relate dans son livre *Le Papillon noir*. Depuis, cet Américain se consacre à l'enseignement et anime des séminaires dans le monde entier. Les nombreux exercices qu'il y propose sont autant de moyens d'entrer en relation avec soi-même, l'autre, ou le groupe. Ils font essentiellement appel à l'intelligence du corps – « *intelligence,* souligne-t-il, *qui n'est pas celle de l'ego ou de l'esprit ordinaire* » – à travers la danse, le chant, la respiration, mais aussi des techniques issues de voies orientales ou chamaniques. Richard Moss amène ainsi les participants à vivre l'expérience de l'énergie universelle et à s'éveiller à des dimensions nouvelles de conscience.

Mais il ne s'agit pas tant pour lui de rechercher une réalisation personnelle que de se soumettre profondément au « mouvement d'éveil » qui surgit en chacun de nous comme au sein de l'univers. Et d'apprendre à y participer pleinement, faisant de notre vie quotidienne, une « consécration ».

Aussi peu influencé par les sages de l'Orient que par ceux de l'Occident – même s'il cite souvent Jésus au travers de ses paroles recueillies dans l'Évangile de Thomas[32] –, Richard Moss ne se rattache à aucune tradition, sinon celle de l'éveil spontané. Pour lui, le voyage spirituel consiste d'abord « *à revenir au commencement de nous-mêmes* » afin de pouvoir « *entrer en relation avec tout ce qui nous faisait peur* ».

Aussi cet Américain ne s'érige-t-il guère en maître spirituel qui aurait quelque chose de « spécial » à enseigner. Il s'appuie davantage sur l'énergie générée au sein d'un groupe (ses séminaires, très intenses, peuvent réunir jusqu'à quatre-vingts ou quatre-vingt-dix personnes pendant une dizaine de jours) et sur l'aide que sa seule présence attentive peut apporter. Une « qualité » que Richard Moss étend à l'ensemble de sa vie, notamment dans la relation qu'il entretient avec sa femme Ariel et avec les enfants de celle-ci.

□

Beaucoup d'entre nous recherchons l'éveil ou la libération, ou encore l'union avec Dieu et, pour cela, nous engageons dans des voies spirituelles ou religieuses...

L'éveil de la conscience n'est pas un voyage organisé. C'est un voyage qu'on ne peut entreprendre que seul. La religion, à l'inverse, cherche à réunir les gens autour d'un certain nombre de croyances et d'attitudes communes. En ce sens, religion et spiritualité s'opposent l'une à l'autre. Nous ne voyons pas, habituellement, à quel point nous sommes conditionnés par la culture. Celle-ci nous fige dans une gamme très étroite de sensations ; elle limite notre capacité à voir réellement ce qui est. Or, la religion est un sous-ensemble de la culture, qui l'utilise comme un moyen de perpétuer le mouvement général pour la survie. La religion nous promet toujours le salut dans le futur, ou ailleurs, dans un endroit spécial. Mais des mots comme « Dieu » ou « le Soi » demeurent des concepts sans signification tant qu'ils ne sont pas expérimentés dans le moment présent.

Qu'est-ce qui caractérise alors, selon vous, la spiritualité ?

La spiritualité n'a rien à voir avec la survie. Ce n'est pas une médecine qui va nous aider à aller mieux, ni une sorte de chirurgie qui nous permettrait d'extirper les mauvaises pensées ou les mauvais sentiments. Elle est une aspiration, un désir très profond pour quelque chose qui n'a pas de but. Pour moi, le voyage spirituel consiste à revenir au commencement en nous-mêmes, c'est-à-dire à l'expérience de l'Être, de quelque chose qui émerge à l'intérieur de nous, continuellement, et qui ne peut être attribué à aucune sorte d'activité, qui n'est pas le résultat de quelque chose. L'ego ne peut entrer dans cet espace de la vie profonde. Aussi la spiritualité est-elle le relâchement, ou la mort, de l'identité personnelle, de l'activité qui crée le sens du moi, dans l'expérience de la plénitude de l'Être.

Ce qui implique un abandon, un lâcher-prise auquel nous semblons bien peu disposés !

Parce que nous sommes habités par une peur profonde, qui du point de vue de l'ego est la peur de ne plus exister. Nous vivons sous la direction de ce que j'appellerai « le dieu de la peur ». Un dieu de la peur qui nous dit : « Si tu obéis aux règles, si tu restes assis suffisamment d'heures en méditation, si tu pries humblement et sincèrement Dieu, alors tu seras sauvé, tu retrouveras l'espoir, tu sera heureux... » De fait, nous ne faisons toujours que chercher à survivre, en imaginant que l'éveil va nous permettre de survivre encore mieux.

D'où vient cette peur si profonde que vous évoquez ?

Cette peur correspond, en chaque être humain, à un endroit où nous avons perdu notre foi en nous-mêmes. Ce n'est pas une foi consciente, c'est la foi primordiale, innée. Très tôt, à travers l'événement de la naissance, à travers l'inconscience ou la souffrance de nos parents – même les parents ayant eu l'intention de donner beaucoup d'amour –, à travers la naissance d'un frère ou d'une sœur et la perte d'attention de la mère, etc., cette foi primordiale s'est déchirée. Alors le dieu de la peur s'est emparé de nous. Nous avons grandi en essayant de contrôler notre vie, nous imaginant que certaines choses pourront nous sauver, comme avoir le bon mari ou la bonne épouse, des enfants, un meilleur travail, plus d'argent, des biens matériels... Mais rien de tout cela, en réalité, ne peut nous sauver.

Mais n'est-il pas naturel de chercher à éviter ou à sublimer la peur ?

Lorsque nous venons auprès du commencement de nous-mêmes, tous, à un plus ou moins grand degré, nous ressentons une sorte de vide. Si nous approchons encore de ce vide, cela devient de la désolation, de la terreur, du désespoir. C'est le sentiment originel et inconscient que nous avons éprouvé quand la foi a commencé à se déchirer. Pour que commence le voyage spirituel, nous devons être capables de toucher cet endroit où notre foi a été endommagée, être capables de toucher la nuit obscure de notre âme. Et nous devons comprendre que tout ce que nous avons fait jusqu'à présent pour soigner cette blessure a échoué. C'est seulement lorsque nous sommes à genoux que nous savons que tout a échoué, que commence pour la première fois le voyage spirituel. S'établit alors un processus que je ne peux expliquer, qu'on pourrait peut-être appeler « la Grâce ».

Nous nous éveillons alors à ce que l'on nomme parfois notre « vraie nature » ?

Si vous tournez votre conscience, votre attention, pour trouver votre Soi, ici, dans le commencement, vous trouvez que vous ne pouvez le trouver. Personne ne l'a jamais trouvé avec l'esprit qui regarde. Notre vraie nature, ce que nous sommes tous, n'est pas une « chose », pas même une chose subtile, ou qui vivrait dans une autre dimension. Ce n'est un objet en aucune manière. On dit souvent que c'est une cause sans cause, un *un* sans second... Mais quoi qu'on puisse nous en dire, quelle que soit la façon dont on nous l'aura décrit, nous ne pourrons le connaître qu'en en ayant l'expérience directe.

Peut-on néanmoins tenter de décrire le processus de l'éveil et ses conséquences ?

Lorsque nous pénétrons consciemment dans cette foi déchirée qui était demeurée inconsciente, dans un premier temps notre souffrance s'accroît. Mais si nous allons au plus profond de ce sentiment, si nous le goûtons sans jugement, sans réaction, sans espoir, sans éprouver le besoin de changer quoi que ce soit – quand nous cessons de vouloir une plus grande qualité de survie et de dire : « Je vais faire ceci ou cela, je vais aller prier, je vais aller méditer, etc. » –, alors nous réalisons que nous sommes complètement suffisants. Très vite, nous comprenons que si nous restons présents à la douleur, nous nous ouvrons à nous-mêmes. Et nous commençons à être littéralement plein d'énergie, une énergie qui sort simplement de notre être, comme une douce force, et que nous n'avions jamais connue auparavant. C'est comme être assis ici et boire à un puits. Nous entrons dans la paix, une paix qui n'est le produit d'aucune activité. Nous renaissons dans la vie de la plénitude, non pas parce que nous la cherchons, non pas parce que nous essayons de la trouver ou de la générer, mais parce ce que c'est ce que nous sommes réellement au commencement de nous-mêmes.

Et nous pénétrons dans un « territoire » complètement inconnu ?

C'est une sorte de *no man's land*, une absence de toute expérience connue, en quelque sens que ce soit. Il y a un élargissement de la capacité de conscience. Il y a aussi une énorme intensification des problèmes psychologiques non résolus. C'est alors que nous commençons à entrer en relation avec tout ce que nous avions peur de rencontrer jusqu'alors. Pour moi, le véritable éveil c'est cela. Cela n'a rien à voir avec quelque « expérience spirituelle » que ce soit, mais avec la capacité de se digérer soi-même, sans intention, sans but. L'essence de la vie est de tourner notre conscience vers la relation avec toute chose. Ce n'est pas une stratégie pour la survie, c'est la réalisation du vrai Soi.

L'ego ne tente-t-il pas alors de s'emparer de cet événement qu'est notre premier éveil ?

L'ego dit : « C'est arrivé à moi, quel événement merveilleux ! » Il cherche à créer un contexte pour comprendre. Aussi l'éveil est-il incomplet. Tant qu'il demeure pour nous un événement spécial, une mémoire, il reste très difficile à intégrer.

Même après avoir connu l'expérience d'un premier éveil, nous continuons souvent à souffrir. Et nous nous posons la question : ces souffrances font-elles partie du chemin ou bien sont-elles encore le produit des illusions de l'ego ?

Le mouvement qui va vers le haut, dans l'interprétation, dans l'analyse, qui prend la forme de la question : « La souffrance est-elle nécessaire ? », ne vous aide pas. Cela ne vous aide pas non plus de vous juger, de penser : « Je ne fais pas comme il faut », ou bien : « J'ai besoin de quelqu'un de plus pour m'aider »... Croyez plutôt le mouvement qui va vers la sensation en vous. Restez ici et touchez la désolation. Tout ce que vous allez toucher en vous-mêmes, sentir en vous-mêmes, ce territoire dont vous ne savez pas ce qu'il est et que vous n'aimez pas, est vrai, pour la raison que c'est ici et maintenant. Il n'y a pas d'autre lieu où aller. Dès lors que vous amenez quelque chose dans votre champ de conscience, cela changera à l'intérieur de vous-mêmes, sans que vous ayez besoin d'en faire quoi que ce soit. C'est comme si vous tentiez d'approcher un oiseau sauvage... Au moment où votre esprit veut le toucher, il s'envole. Mais quand l'ego n'a plus aucune activité, alors même la plus sombre des sensations devient une présence vivante.

En quoi un maître spirituel peut-il nous aider à effectuer ce voyage ?

Aucun enseignant, pas même Jésus, pas même Bouddha*, ne peut nous porter pendant la traversée. Un maître peut seulement nous indiquer le début du chemin et aussi nous montrer ce qui n'aide pas. Il tient le miroir. Mais seul quelqu'un qui a réellement effectué la traversée, réellement atteint le fond, peut, par sa seule présence, nous communiquer des possibilités. Si vous voulez savoir si telle ou telle personne est un maître, tentez de vivre ce qu'elle vous montre, mais n'en faites pas un deuxième père ou une deuxième mère qui va vous porter. L'une des grandes beautés de notre univers est le fait que vous ne pouvez atteindre la réalisation spirituelle de seconde main, personne ne peut vous la donner. Cela signifie que chaque âme a reçu un fantastique domaine de liberté, incluant une profonde foi en ce que nous sommes et une infinie patience.

À Tourrettes-sur-Loup, le 6 août 2001.

Pour aller plus loin avec Richard Moss

Bibliographie

— *Paroles des deux mondes*, Le Relié, 1997.
— *Le Deuxième Miracle*, Le Souffle d'Or, 1996.
— *Ce Je qui est Nous*, Le Souffle d'Or, 1991.
— *Le Papillon noir*, Le Souffle d'Or, 1989.

Contact

— Pour l'Europe : Pierre-Henri Cuendet – Derrière la côte 24 – CH 1347 – Le-Sentier (Suisse).
— Tél. : 00 41 21 84 55 711.
Site internet : http://www.richardmosseurope.com

Andrew Cohen

L'éveil radical

Né à New York en 1955, Andrew Cohen est considéré, enfant, comme ayant « un problème » de compréhension à cause de ses difficultés à l'école et passe dix ans en psychanalyse. Mais il vit, à l'âge de seize ans, une expérience spirituelle d'une extraordinaire intensité : « *Ma conscience se mit à se dilater dans toutes les directions simultanément et je vécus ce qui ne peut recevoir d'autre nom que celui de "révélation". Des larmes ruisselaient de mes yeux et ma gorge ne cessait de s'ouvrir et de se refermer sans motif. J'étais complètement envahi et enivré par l'Amour, et j'éprouvais un indescriptible sentiment de stupeur et d'émerveillement. Je sus tout à coup, sans le moindre doute, que la mort n'existe pas et que la vie elle-même n'a ni commencement ni fin. Je voyais que tout ce qui constitue la vie est intimement relié et indivisible. Il devenait clair qu'il n'existe rien de tel qu'une individualité séparée de ce Soi unique qui est la totalité de la vie. J'étais complètement submergé par la gloire et la majesté de l'unité cosmique qui se révélait à moi* » (*Autobiographie d'un éveil*).

Ce n'est cependant que quatre ans plus tard qu'Andrew Cohen décide de consacrer sa vie à la quête spirituelle. Il suit l'enseignement de nombreux guides, qui l'initient aux arts martiaux et à différentes formes de méditation. En 1986, à un moment où, après de nombreuses déconvenues, il n'attend plus rien, il croise la route de Poonja, en Inde. Une seule phrase de ce maître suffit pour que le jeune Américain s'éveille totalement. Dès lors, il n'a de cesse d'enseigner et attire auprès de lui des centaines de disciples, à travers le monde. Non sans difficulté ni courage : car sa radicalité, sa volonté farouche de ne se livrer à aucune compromission lui attirent autant de critiques que d'admiration.

Dans ses séminaires comme dans ses livres ou le remarquable semestriel *What is Enlightenment ?* qu'il dirige, Andrew Cohen s'attache avant tout, avec une grande clarté, à répondre à cette question : qu'est-ce qu'incarner pleinement l'éveil, dans notre vie de chaque jour ? Quelles sont les qualités ou les « principes » qui peuvent nous y mener ? Il s'agit pour lui de ne plus « *passer son temps à essayer de trouver sa place ou simplement de survivre* »... Mais bien plutôt de se faire « *un véhicule pour la force de l'évolution – l'expression d'une libération profonde, le témoignage vivant qu'il est possible de parcourir tout le chemin dans cette vie et, ce faisant, de devenir la force de l'amour lui-même* ».

□

Qu'est-ce que l'éveil pour vous ?

Une personne s'éveille à la vie lorsqu'elle devient consciente du fait qu'elle n'existe pas de manière séparée, mais qu'elle fait au contraire partie d'une réalité une, sans limite, et dont la nature est l'amour absolu.

Suffit-il de vivre une expérience de cette réalité pour être éveillé ?

Non. Beaucoup de gens retombent, après avoir vécu une expérience spirituelle, dans le monde du rêve et de l'ego, de la personnalité conditionnée. Ils sont souvent hantés par les moments de transcendance qu'ils ont connus. Mais le but est d'atteindre une libération totale. C'est le « but évolutionnaire » de l'espèce humaine.

Que voulez-vous dire par là ?

Pour moi, la vie humaine ne prend son sens véritable que lorsque l'expérience de l'unité devient constante et que la dualité disparaît. Alors nous nous engageons à participer consciemment, de tout notre cœur, au processus d'évolution et à embrasser complètement l'expérience humaine dans ce qu'elle a de plus universel. À l'inverse, tant que nous demeurons dans la perspective de l'ego, tant que nous cherchons avant tout à répondre à nos peurs et à satisfaire nos désirs personnels, notre participation à la vie demeure très partielle.

Dans votre enseignement, vous décrivez cinq principes fondamentaux de l'éveil. Quels sont-ils ?

Ils constituent à la fois le but et le chemin.

Le premier de ces cinq principes est *l'intention claire d'être libre* : il signifie que la vie spirituelle est fondée avant tout sur le désir d'être libres ; tous nos choix doivent en être l'expression.

Le deuxième principe est ce que j'appelle *la loi du libre arbitre* : si nous voulons être libres, il nous faut accepter d'être responsables de manière inconditionnelle, non seulement des conséquences de nos actes, mais aussi des conséquences de ce qui nous est arrivé.

Le troisième principe est *faire face à tout et ne rien éviter* : cela veut dire que nous sommes conscients de tout ce qui se passe en nous ; on ne peut s'éveiller qu'en faisant face à ses impulsions les plus profondes, y compris les motivations les plus égoïstes ou les plus sombres.

Le quatrième principe est *la loi de l'impersonnalité*. Cette loi nous dit qu'il n'y a qu'une seule expérience humaine. Or la plupart des êtres humains personnalisent de manière compulsive leurs propres expériences. Cette habitude crée le mur de l'ego, qui nous isole de notre soi profond, des autres et de l'univers. Mais si nous devenons conscients du caractère impersonnel de nos expériences, notre nature absolue commence à se révéler.

Le dernier principe est *pour le bien du tout* : suivant ce principe, nous cessons de vivre pour nous-mêmes et nous commençons à vivre pour le bien des autres ; nous nous soumettons consciemment au processus d'évolution de la conscience, dont notre vie n'est qu'une manifestation.

Certaines de vos affirmations m'ont paru bien difficiles à entendre. Par exemple, la nécessité de se sentir responsables des conséquences de tout ce qui nous est arrivé...

Il est difficile de suivre ces principes tant qu'on demeure fondamentalement divisés dans notre motivation d'être libres. C'est le principal obstacle. La plupart des gens se révèlent ambivalents lorsqu'ils sont soumis à une épreuve. Mais si nous mettons fin à notre ambivalence, nous pouvons vivre ces principes de manière authentique et reconnaître leur potentiel libérateur.

Si nous souffrons d'un profond traumatisme, nous avons tendance à nous identifier à la « victime ». Vouloir être libres, c'est vouloir être libres de cette identification. Il n'y a qu'un seul moyen d'y parvenir : accepter d'être responsables des conséquences déplaisantes que nous ressentons dans le moment présent – la peur, la suspicion, la haine de soi-même, le manque de confiance, etc. Au lieu de se sentir victimes, on accepte ces émotions comme étant des réponses conditionnées à un événement sur lequel on n'exerçait aucun contrôle. La plus grande partie de notre attention n'est pas dirigée sur le fait qu'on a été blessés, mais sur le fait qu'on veut devenir un être libéré pour le bien de tous les autres.

Alors, la partie de nous-mêmes qui n'est jamais née dans le temps, qui n'a jamais été touchée par tout ce qui s'est passé, qui n'a jamais été abusée, qui n'a jamais fait l'expérience de la dualité sous quelque forme que ce soit, commence à surgir dans notre propre conscience. Sans que nous ayons besoin de nier quoi que ce soit, apparaissent en nous le sentiment de liberté, l'amour, la confiance. C'est ce qui rend moins douloureux le souvenir du traumatisme et nous rend capables d'en accepter les conséquences. Mais cela n'est possible que si la personne désire vraiment devenir libre ; sinon elle ne parvient pas à abandonner l'attachement psychologique au fait d'être une victime.

Vous insistez beaucoup, dans votre enseignement, sur l'absence totale de compromission. Cela signifie-t-il pour vous qu'il est nécessaire de renoncer au monde, de devenir moine par exemple ?

Non, il n'y a pas de modèle. Souvent, nous nous marions, nous avons des enfants, nous choisissons un travail, etc., sous l'emprise de nos conditionnements. Dans ce cas, nous serons amenés à remettre en cause ce qui a été notre première relation à la vie. Mais il se peut aussi que, par exemple, la décision de vivre en famille soit l'expression d'une conscience élevée, d'un intérêt mutuel à vivre une vie éveillée. Ce qui importe, c'est notre motivation.

Y compris chez des personnes considérées comme des maîtres, les actes ne semblent pas toujours en adéquation avec l'engagement spirituel. Comment l'expliquez-vous ?

Cela arrive souvent – plus souvent que le contraire, apparemment. Les tentations sont trop grandes pour une personne dont la motivation n'a pas été complètement purifiée. Quand j'ai commencé à enseigner, j'insistais surtout sur l'expérience spirituelle en elle-même. Mais j'ai observé que des gens pouvaient s'éveiller à une réalité plus élevée, que leur cœur pouvait être profondément touché, leur monde conceptuel totalement ébranlé... et que pourtant la structure fondamentale de leur ego n'était pas cassée. Alors j'ai commencé à insister davantage sur le développement d'une motivation pure.

Vous avez connu l'éveil, dites-vous, lorsque Poonja, votre maître, vous a dit : « Vous n'avez aucun effort à faire pour être libre. » La méditation, ou tout autre pratique spirituelle, serait-elle inutile ?

Ultimement, oui. Mais pour la plupart des gens, ce n'est pas si simple. L'idée de ne pas avoir besoin de faire d'efforts peut devenir une excuse, la justification d'un comportement égoïste ou complaisant. « Est-ce facile, est-ce difficile ? » Beaucoup de chercheurs spirituels s'arrêtent à cette question. En réalité, ce ne devrait jamais être la question. Il faut comprendre que la conscience de Dieu, ou l'énergie de la conscience, est une force énorme, qui veut s'exprimer dans le monde. Ce qui est au-delà du temps veut s'exprimer dans le temps, à une fin d'évolution. Cette énergie ne se soucie pas de la pureté du véhicule, elle veut juste trouver un chemin. Partout où il y a une fissure par laquelle elle peut émerger, elle émergera. Notre rôle est d'être partenaires de cette évolution. Vous comprenez ? C'est notre rôle, un rôle très important.

Je reviens à la question sur la pratique. Sans elle, on risque de demeurer plongé dans une activité égoïste. Mais on peut aussi s'attacher à la pratique, à la voie, au point qu'on finit par s'identifier à elle.

C'est pour cela qu'on a besoin d'un maître qui est vraiment l'incarnation de la conscience éveillée. On a besoin d'une telle relation, car le rôle d'un maître, c'est de constamment nous secouer jusqu'à ce qu'on abandonne tous nos attachements.

Mais il y a très peu de maîtres véritables !

C'est vrai. Le processus d'évolution est fin et délicat. Mais s'il y a si peu de vrais enseignants, c'est aussi parce qu'il y a très peu de vrais disciples *(rire)* ! Peu de chercheurs veulent vraiment marcher sur le chemin de la purification. Beaucoup ne cherchent pas la purification, mais l'affirmation.

Alors on a le maître qu'on mérite, celui qui correspond à notre état d'évolution ?
Qui se ressemble, s'assemble.

N'est-ce pas à accepter, d'une certaine manière ?
D'un côté oui, d'un autre non. Le destin de quelqu'un comme moi est de constamment crier, hurler depuis les toits à l'humanité endormie : « Ne faites pas de compromis ! » Le processus d'évolution a besoin de nous, en tant que véhicules prêts à participer à ce processus. Et c'est seulement en ceux d'entre nous qui ne veulent pas se compromettre que ce processus pourra se manifester sans obstacle, sans empêchement. Aussi, c'est un appel du cœur que je lance, un cri d'amour et de passion, mais c'est aussi une guerre contre l'ignorance, la suffisance, l'esprit étroit, la fierté, etc.

Au domaine des Courmettes (Alpes-Maritimes), le 27 août 2001.

Pour aller plus loin avec Andrew Cohen

Bibliographie

— *Vivre l'éveil*, La Table ronde, 2004.
— *Embrasser le Ciel et la Terre*, Le Relié, 2002.
— *Qui suis-je et comment faut-il vivre ?*, Altess, 2000.
— *La Promesse de la perfection*, Altess, 1999.
— *La Liberté n'a pas d'histoire*, Altess, 1998.
— *Pour une relation parfaite avec la vie*, Altess, 1995.
— *Autobiographie d'un éveil*, Altess, 1994.

Contact

— Centre IEF Paris – 6, place Adolphe-Max – 75009 Paris.
— Tél. : 01 42 82 91 13.
— Site Internet : http://andrewcohen.org

Arouna Lipschitz

La voie de l'amoureux

Née en France dans une famille juive orthodoxe, Arouna Lipschitz, la cinquantaine, a été mariée très jeune à un homme choisi par son père. Mais lorsque celui-ci meurt quelques mois plus tard, elle entre en rébellion en devenant une « athée convaincue ». Divorce, amours tumultueuses, psychanalyse lacanienne, études en Israël puis retour à Paris où elle devient docteur ès lettres... Rien, en apparence, dans son parcours, qu'elle raconte avec franchise dans son récit autobiographique *Dis-moi si je m'approche*, ne la destine à devenir un guide spirituel. Pourtant, de déceptions en prises de conscience, sa quête d'amour révèle petit à petit le désir d'absolu qui dort dans son cœur. Et « la présence de Dieu » lui apparaît en 1970 sous le visage de Venkatesananda, un maître indien rencontré dans un séminaire de yoga.

La jeune femme devient sa disciple et renonce à une carrière universitaire pour devenir professeur de yoga. En 1982, peu avant de mourir, son guide spirituel l'ordonne *swâmi*, (enseignant, dans la tradition hindoue) et lui donne le prénom d'Arouna, qui signifie « l'aube ». À la demande de ce dernier, elle ouvre un ashram* dans la région parisienne, qu'elle dirige pendant quatre ans, puis elle s'établit au Canada.

Là-bas, elle réapprend la vie active, « *tout en continuant à porter intérieurement la robe orange,* sourit-elle, *et à respecter mon* *vœu de chasteté, sans aucun regret, pendant dix ans* ». En même temps, elle renoue avec ses racines juives en retrouvant sa famille, émigrée à Toronto, et étudie la Kabbale* avec assiduité. Une « deuxième révolution » se prépare : « *La première révolution a été de m'éveiller, grâce à la mystique hindoue, à la conscience non duelle, à l'amour universel. Mais j'ai éprouvé un choc lorsque je me suis rendue compte que dans cet amour purement spirituel, l'autre "existentiel" disparaissait. Tout swâmi que j'étais, je me retrouvais bien handicapée dans mes relations familiales et amicales. Il est plus facile d'aimer ses proches de loin, d'âme à âme !* ». Comment dès lors, se demande-t-elle, s'approcher sans perdre le lien avec le divin ? Comment, dans la rencontre avec l'autre, laisser parler le corps, le cœur, autant que l'esprit ? C'est à partir de ces questions qu'Arouna Lipschitz a commencé son exploration d'une « troisième voie » qu'elle appelle « la voie de l'amoureux » : une voie spirituelle de la relation, « *dans une dualité consciente qui vise à l'union de l'Un et de l'autre, sans fusion ou dissolution de l'autre dans l'Un* ».

□

Ceux qui sont engagés dans des voies spirituelles, notez-vous, demeurent souvent « des handicapés émotionnels et relationnels ». Comment l'expliquez-vous ?

Lorsqu'on est établi dans la conscience non duelle – état que recherchent de nombreuses voies spirituelles, notamment orientales – on voit Dieu en l'autre. Cela mène dans le meilleur des cas à l'amour universel. Mais cela comporte aussi un risque : celui de s'enfermer dans son « fort » intérieur. Dieu, en effet, est le « même » en chacun de nous, et si on ne voit que Lui, on ne perçoit pas l'autre dans ce qui fait sa singularité. Or, sans écart, sans différenciation, on ne peut entrer véritablement en relation, ou tenter de s'approcher de l'autre.

Pourquoi, après tout, ne suffirait-il pas de demeurer dans la conscience du divin ?

J'ai envie, à la manière juive, de retourner votre question : pourquoi, sur terre, rêvons-nous, si universellement, d'union avec l'autre ? La création, nous dit la Kabbale, s'est engendrée à partir de la restriction du Tout : Dieu s'est restreint pour faire de la place à l'autre. Ce n'était pas, à mon sens, pour que ses créatures visent à revenir au Tout d'avant la création, d'avant le temps, la dualité. J'ai du mal à imaginer l'enjeu de la création comme une marche arrière. Le défi ne serait-il pas plutôt d'incarner en humanité la mémoire du Tout, dans notre relation au monde ? Le sentiment du sacré se manifeste bien évidemment dans l'amour universel, mais que devient-il dans l'amour familial, l'amour-amitié et dans la relation amoureuse ? Je crois que la création contient un « programme » : s'approcher de l'arbre de la Connaissance*, c'est-à-dire connaître un jour l'autre, jusque dans la totale intimité qu'est l'acte sexuel. Pour nous préparer à cet amour sacré de l'homme et de la femme qui nous attend, il y a une longue préparation qui commence avec la capacité de vivre la séparation comme une bénédiction, puisqu'elle permet la relation à autrui. Ensuite, il faut apprivoiser cette bénédiction dans tous les aspects du relationnel.

Ce « programme », est-ce ce que vous appelez « la voie de l'amoureux » ou encore « la voie de la dualité consciente » ?

Exactement. Dans cette voie, on préserve le sentiment d'unité, du lien avec le Tout, mais sans se fondre en lui. C'est vraiment un choix spirituel, voire un sacrifice, car lorsqu'on s'engage sur le chemin qui mène à la plénitude intérieure, on découvre un état dans lequel on est comblé. Cela ne signifie pas pour autant que nous devons cesser de chercher la source ou de nous y abreuver régulièrement, car c'est la clé pour s'approcher de l'autre les mains pleines. Sans ce ressourcement, on retombe vite dans l'utilisation de l'autre pour combler nos manques, ou dans les pièges fusionnels.

Faire ce choix, n'est-ce pas devenir, à l'image de cette belle figure que l'on retrouve dans la plupart des mythologies, un roi mendiant ?

Oui, c'est s'accepter manquant... donc capable de demander. Mais on pourrait aussi parler de « roi désirant », c'est-à-dire un individu qui assume pleinement la tension vers l'autre, le désir. Un désir fondé sur l'acceptation consciente du manque autant que sur la souveraineté de son être.

Le roi, le souverain, est traditionnellement celui qui a vaincu ses désirs ou, plus exactement, celui qui s'en est libéré. Depuis cette position, choisir d'assumer le désir n'est-il pas tenter un impossible grand écart ?

Le « roi désirant » est un roi qui s'assume comme « sujet parlant », donc limité, restreint. C'est la parole qui nous pose comme « je » face à un « tu ». La fusion transcendantale gomme cette dualité. La dualité consciente dont je parle assume l'écart et le désir de l'approche qu'il engendre naturellement. J'ai appris en chemin que pour réduire cet écart, il faut arriver à dire un oui total à la terre, à l'incarnation. Plus ce oui s'est intégré à mes cellules, plus les partages dans la noblesse, la beauté de l'Un ont été possibles... avec mes proches comme mes amis, mes élèves, et avec la nature, aussi. J'ai même connu quelques échantillons de véritable communion avec l'autre, un avant-goût de l'union des contraires entre l'homme et la femme. C'est dans ces moments qu'on sait que le paradis n'est ni perdu, ni ailleurs, mais qu'il existe dans ce lieu de l'approche entre deux individus souverains et attentifs l'un à l'autre.

L'amour obéit-il à des règles ?

L'amour n'est pas seulement un sentiment. C'est un état intérieur mais aussi un art existentiel qui relève d'une discipline des droits et devoirs relationnels. Il y a des gammes à faire, des règles à apprendre pour ne pas passer son temps à se tromper d'amour, pour mieux s'approcher de l'autre.

Justement, peut-on expérimenter la voie de l'amoureux avec n'importe quelle personne ?

Oui. On peut, avec chacun, apprendre à s'approcher en « amoureux ». Mais, attention, il ne faut pas entendre ce mot comme la nécessité d'être *amoureux-de-quelqu'un* mais comme la nécessité de nourrir l'état dans lequel on se trouve lorsque l'on est amoureux... Amoureux, on est plein de force de vie, d'éros, ce qui amène à établir un rapport érotique au monde, non pas au sens de rapport de séduction, mais de rapport vivifiant pour tout et tous ceux qu'on approche, un rapport de légèreté, de célébration du mystère et du sens de l'existence. Dans ce cadre, on s'approchera plus ou moins des uns ou des autres en fonction d'une sélection basée sur la loi d'affinité. Beaucoup de nos rencontres relèvent de liens karmiques qui se caractérisent par l'impression de « déjà vu ». Celles-ci provoquent des attractions très fortes, si bien que l'on a tendance à « consommer » avant même d'avoir fait connaissance ; le risque est alors de passer son temps à répéter de vieux schémas, au lieu de s'en libérer. D'autres rencontres tiennent lieu de miroir d'une part blessée de nous-mêmes ; là, une opportunité de guérison est offerte. Et puis il y a des rencontres que j'appelle « dharmiques », ou « relations d'âme », dans lesquelles on peut choisir en conscience d'accomplir librement une part d'inaccompli en nous. Toutes ces rencontres nous apprennent à mieux aimer.

Quels sont les principaux obstacles que l'on peut rencontrer sur la voie de l'amoureux ?

Ne pas donner tout ce qu'on pourrait donner est la grande faiblesse du cœur amoureux. Pour les uns, c'est la peur de se faire manger qui tient l'énergie amoureuse en réserve, sur la défensive. Pour d'autres, c'est le désir de jouissance sans Loi qui fait obstacle. Sans la reconnaissance de la Loi, d'un ordre cosmique, d'une logique du réel qui nous pose comme interdépendants et responsables de l'autre, on s'ouvre à la félicité comme à un droit, ce qu'elle est, mais sans assumer ses devoirs relationnels.

La voie de l'amoureux concerne-t-elle aussi l'approchement de Dieu ?

À la différence des voies de non-dualité, elle établit aussi un rapport d'altérité avec Dieu. Je parle là du divin manifesté dans le temps et l'espace, et non du Dieu non manifesté, de l'Ineffable. Puisque pour créer le monde le Sans-Nom a été l'exemple parfait de « roi désirant » en se limitant pour que le monde soit[33], ne sommes-nous pas à son image lorsque nous acceptons joyeusement de nous approcher de Lui à l'infini, au lieu de tendre à la fusion, au *nirvâna**, au *satori**, etc. ? Comme l'horizon, Dieu s'éloigne au fur et à mesure qu'on s'en approche... C'est aussi vrai pour l'autre. Lorsque nous nous sommes libérés de la nostalgie du Tout, cet écart, cette béance constamment renouvelée, est la source même de l'émerveillement, de la joie de vivre sur terre comme un être spirituel amoureux de l'humain, heureux d'être incarné.

À Paris, le 16 octobre 2001.

Pour aller plus loin avec Arouna Lipschitz

Bibliographie

— *L'Un n'empêche pas l'autre*, Le Souffle d'Or, 2003.
— *Dis-moi si je m'approche*, Le Souffle d'Or, 2003.

Contact

— BP 62 – 92312 Sèvres Cedex.
— Tél. : 01 43 21 08 26.
— E-mail : arouna@club-internet.fr

Amma
La compassion infinie

L'ATMOSPHÈRE, parfumée d'encens, est douce à respirer. Sur l'estrade, des musiciens entonnent de magnifiques chants de dévotion hindous. Un peu plus bas, assise dans un fauteuil, Amma, tout en répondant à mes questions, prend dans ses bras, une à une, les centaines de personnes venues lui demander son *darshan**, sa bénédiction, et les serre contre son cœur. Souvent, elle leur murmure quelques mots à l'oreille, dans sa langue natale. Les uns viennent avec l'espoir d'une guérison, ou d'un conseil pour guider leur vie ; d'autres pour simplement ressentir son amour ou se tenir en sa présence, quelques instants.

Amma, serait-elle une sainte ? Sans nul doute, si l'on en croit sa biographie officielle. Née en 1953 dans une famille de pêcheurs du Kerala, dans le sud de l'Inde, la jeune Soudhamani manifeste très vite de remarquables dons spirituels. La dévotion de la fillette se porte sur Krishna*, qu'elle invoque sans cesse par ses chants et ses prières et qu'elle voit en toute chose, jusqu'à en perdre conscience d'elle-même pendant de longues heures, en entrant en extase. Sa famille, la tenant pour quasi folle, la traite en esclave. Mais elle, non contente de subir tous les mauvais traitements sans jamais protester, n'éprouve qu'amour et compassion pour l'ensemble des êtres vivants, qu'elle cherche à secourir par tous les moyens.

À dix-huit ans, Soudhamani entre en union mystique avec

Krishna. Les premiers dévots accourent à ses *bhâva**. Parallèlement, les persécutions s'accroissent, allant jusqu'aux tentatives d'assassinat. Mais c'est aussi le temps de ses premiers miracles : guérisons, conversions, « multiplication des pains »... Peu de temps après, Devi*, la Mère divine, lui apparaît. Dès lors, elle n'aspire plus qu'à s'unir à elle, se lançant dans des pratiques de dévotion et d'ascèse de plus en plus intenses. Elle vit en solitaire, sans abri, nourrie par les seuls animaux, plongée en *samâdhi**. Finalement, dit-on, Soudhamani s'identifie totalement à la Mère divine, puis, allant encore au-delà, réalise « l'Absolu sans forme ni attribut ». Soudhamani n'a que vingt-deux ans quand elle peut déclarer : « Rien n'est différent de mon propre Soi sans forme, dans lequel l'univers entier existe comme une bulle minuscule. »

Celle qu'on nomme désormais Amritanandamayi (« la mère de la béatitude immortelle »), ou plus simplement Amma, devient un grand maître spirituel. Son premier ashram*, où elle forme des centaines de disciples, s'ouvre sur les lieux mêmes de son enfance. Suscitant la dévotion – dévotion qui pourra choquer un esprit occidental mais qui est courante en Inde –, elle se met à voyager partout dans le monde afin de donner sa bénédiction. Elle est invitée à prononcer des discours à l'ONU ou au Parlement mondial des religions et reçoit en 2002 le prix Gandhi-King pour la non-violence. En Inde mais aussi dans de nombreux autres pays, elle multiplie les œuvres caritatives (orphelinats, construction de milliers de maisons, soutien à des milliers de veuves, etc.), fonde des hôpitaux, des écoles, des universités. Sa vie est tout entière dévouée au service de l'humanité. « *Notre seul but,* souligne-t-elle, *ne devrait pas être un monde florissant et prospère, mais un monde qui se distingue par la paix, la coopération, l'unité et la compassion pour tous les êtres vivants. C'est l'amour qui relie tous les éléments de l'univers. L'amour est le fondement, la beauté et l'accomplissement de la vie.* »

□

On vous appelle « Mère divine ». Que signifient ces termes ?

Être la « Mère divine » signifie avoir une attitude complètement non égoïste à l'égard de toute la création, sans faire aucune distinction entre les êtres. C'est un état que l'on atteint spontanément lorsqu'on parvient à aller au-delà de toutes les barrières du mental. La Mère divine est aussi pure énergie et elle donne vie et pouvoir à toutes les créatures, en particulier les êtres humains. En ce sens, la Mère divine est Dieu, dans son aspect féminin.

Depuis votre petite enfance, vous avez eu à la fois le désir et la capacité de vous absorber dans le divin. Pensez-vous que cela est quelque chose d'exceptionnel ou bien que nous somme tous appelés à en faire autant ?

Le divin est puissant en chacun de nous, il est la véritable nature de tout être vivant. Certaines personnes sont comme du pur diamant dès leur naissance ; chez d'autres, ce diamant est caché, enseveli, et le processus de purification prendra peut-être beaucoup de temps. En ce qui me concerne, je n'ai jamais eu à combattre, j'ai toujours connu la véritable essence des choses et pu entrer en contact avec elle.

Il y a de multiples divinités en Inde. Mais on dit parfois que ces divinités ne sont que les manifestations d'un Dieu unique. Qu'en est-il selon vous ?

Il n'y a qu'un seul Dieu et Dieu est la conscience universelle ou l'énergie qui sous-tend tout l'univers. Mais cette énergie se manifeste sous des formes multiples et prend alors des noms différents. Dieu est présent dans chaque être humain et dans tout l'univers. Pour les hindous, il y a même un dieu pour le fait de cligner des paupières ou d'éternuer ! Pourquoi le Christ a-t-il davantage insisté sur l'amour pour « les autres » ou « le prochain » que sur l'amour pour Dieu ? Sans doute pressentait-il que, dans le futur, personne n'aimerait Dieu... Mais il savait que Dieu est présent dans « l'autre » comme dans toute manifestation de l'énergie fondamentale, que ce soient les animaux, les pierres, etc. « Aime l'autre comme toi-même », cela veut dire : « Aime Dieu en l'autre », « Aime-le comme étant ton propre Soi ». Si vous vous mettez le doigt dans l'œil, vous n'allez pas couper votre doigt, ni même le gronder ! Vous savez que le doigt, c'est vous. Nous sommes tous à la fois le doigt et l'œil, nous faisons tous partie du même corps. Mais hélas, dans la civilisation actuelle, chacun devient de plus en plus centré sur lui-même, séparé des autres.

Cela justifie-t-il l'existence de multiples voies spirituelles ?

Chaque personne a des tendances, un mental, une constitution différents. Si un restaurant a un seul plat, ou un marchand de chaussures un seul modèle, peu de personnes viendront dans ce restaurant ou chez ce marchand. Il en est de même pour la démarche spirituelle : il est utile qu'il y ait différentes voies, de sorte que chacun puisse trouver une démarche qui lui convienne. Imaginer que Dieu a besoin de nous, ce serait comme imaginer que le soleil a besoin d'une bougie pour éclairer. Il y a cependant dans le monde tellement de souffrances, tellement de gens qui ont besoin d'aide, qu'on doit venir à leur niveau pour pouvoir leur porter secours.

Si l'on adore Dieu sous une forme particulière, comme dans la voie dévotionnelle que vous enseignez, n'y a-t-il pas le risque de s'attacher à cette forme sans jamais aller au-delà ?

Le chemin de la dévotion est comparable à un escalier en bois dans une maison. Cet escalier nous permet de monter jusqu'au dernier étage. Arrivé en haut, on s'aperçoit que tout le reste de la maison est en bois, du plancher au plafond. Mais c'est une expérience qu'on ne fait qu'une fois parvenu en haut. La manifestation de l'énergie fondamentale dans une forme particulière, comme celle de la Mère divine, est elle-même l'énergie totale ; elle n'est pas divisée. Au disciple de le percevoir. De plus, si le maître est un maître authentique, il ne laissera pas le disciple s'attacher. Au début de la relation, le disciple ressent beaucoup d'amour, d'attachement pour le maître. Mais le maître véritable, de même que le beurre flotte sur l'eau sans que l'eau puisse l'atteindre, reste complètement détaché. Aussi, lorsque le disciple grandira, le maître se retirera de lui-même pour inciter le disciple à se détacher et à aller au-delà.

La dévotion vous paraît-elle nécessaire dans tous les cas ou bien constitue-t-elle un chemin à part ?

L'amour est le fondement de toutes les voies spirituelles. La dévotion (*bhakti**) constitue cependant un chemin bien particulier. L'éthique, le respect des valeurs, y ont une grande importance : tout n'est pas permis sous prétexte que tout est Dieu. Les pratiques dévotionnelles, comme les récitations de *mantras** ou les chants, impliquent autant le corps que l'esprit. Elles ont pour fonction de ramener le mental – comparable à un cheval courant dans toutes les directions – à l'étable, au lieu de s'épuiser à le suivre. Quand le chemin du *vedânta** dit : « Tout est moi », le chemin de la *bhakti*, lui, affirme : « Tout est Toi. » Avec le *vedânta*, le risque est de confondre Dieu avec l'ego, tellement nous nous identifions à ce dernier. La *bhakti* demande au contraire beaucoup d'humilité, afin de pouvoir s'ouvrir et recevoir Dieu.

Voilà un chemin qui paraîtra bien difficile aux intellectuels !

Les intellectuels se détournent du véritable but pour s'attacher à des cacahuètes, ou à du chocolat… Ils accumulent beaucoup de connaissances, font des discours très élaborés, mais s'effondrent à la première difficulté. Leur savoir n'est utile ni pour eux ni pour le monde. Procéder comme eux, c'est comme écrire le mot « miel » sur une feuille de papier puis lécher la feuille. Ce n'est pas comme cela qu'on connaîtra le goût du miel ! Autrefois, le *vedânta* était un art de vivre. Par exemple, lorsqu'on étudiait une fleur, on en avait aussi l'expérience, on était la fleur. Aujourd'hui le *vedânta* est plutôt devenu une fuite, une manière d'échapper au monde pour ne plus avoir de contraintes, de règles. J'appelle cela de la corruption intellectuelle.

Le véritable but de la spiritualité est bien sûr d'entrer en union avec Dieu. Mais est-ce aussi, pour vous, servir l'humanité ?

Lorsqu'une fleur s'ouvre, s'épanouit, son parfum profite à tout le monde. De même, voyant son véritable Soi dans le miroir, on le verra dans tous les êtres. Et l'attitude de service se produira spontanément. Un être réalisé est comme un miroir : il se contente de réfléchir les images, sans rien retenir. Sans quoi nous sommes semblables à une caméra, nous prenons et accumulons sans cesse des images.

Qu'y a-t-il de plus urgent à faire aujourd'hui pour l'humanité ?

À notre époque, ce qui est le plus important, c'est l'amour, la compassion, car les gens ne savent plus que prendre pour eux-mêmes. La capacité de ressentir la souffrance de l'autre diminue ; même dans leur famille, les gens vivent comme s'ils étaient des îles séparées du reste du monde. Cette attitude crée une grande disharmonie aussi bien à l'intérieur de nous-mêmes que dans nos relations ou au sein de la nature. Seuls l'amour et la compassion peuvent rétablir l'harmonie. En réalité, plus on donne, plus on a la capacité de donner. C'est comme lorsqu'on tire de l'eau d'un puits : plus on puise, plus l'eau monte.

L'expérience d'unité totale se situe au-delà des mots. C'est comme lorsque vous mangez quelque chose de délicieux : c'est une expérience que vous ne pouvez pas vraiment partager. Mais aujourd'hui, seul compte l'ego. Les êtres humains naissent dans l'ego, se développent dans l'ego et meurent dans l'ego. Ils ne voient pas l'intérêt d'établir une relation avec Dieu. Dieu est inscrit en dernier sur la liste de nos priorités. Cependant, si nous sommes un robinet connecté avec le réservoir d'eau, l'eau coulera toujours. Par l'humilité et la patience, nous pouvons atteindre beaucoup de choses dans la vie. Si nous devenons zéro, nous devenons un héros.

À Toulon, le 9 novembre 2001.

Pour aller plus loin avec Amma

Bibliographie

— *Amma, la Mère de la Béatitude immortelle* (biographie).
— *Éveillez-vous mes enfants* (recueils d'enseignements).
(Ces ouvrages sont disponibles à la Maison Amrita.)

Contact

— Association Maison Amrita – c/o Martine Tailhardat – 32, rue du Moulin-de-la-Pointe – 75013 Paris. Tél. : 01 45 80 39 42.
— Site Internet : http://www.amma-europe.org

Lytta Basset

Guérir pour pardonner

COMMENT SE LIBÉRER de la souffrance ? Peut-on pardonner ? La Bible, nous explique Lytta Basset, la cinquantaine, pasteure protestante à Chancy, près de Genève, et professeur de théologie pratique à l'université de Lausanne, répond concrètement à ces questions. La lecture qu'elle en fait s'éloigne délibérément de la morale, pour faire de la guérison de nos blessures un véritable chemin spirituel.

Mais l'enseignement de Lytta Basset ne s'inspire pas seulement de sa connaissance des textes. Il s'enracine aussi dans sa propre expérience. Celle, d'abord, d'une petite fille qui a connu le « mal subi », longtemps refoulé au tréfonds de sa mémoire avant qu'elle ne l'en extirpe au terme d'une longue démarche thérapeutique, et hantée par le sentiment de culpabilité. Celle ensuite d'une jeune femme de trente ans qui, dit-elle, a rencontré le Christ lors d'un séjour à Djibouti. « *Ce qui m'est arrivé*, affirme Lytta Basset, *est de l'ordre de l'expérience des premiers témoins de la Résurrection. J'ai mis des années à pouvoir en parler, et même simplement à pouvoir l'intégrer dans ma vie. Mais c'est à partir de là que le chemin a commencé pour moi. Le plus important n'est pas la "vision" fulgurante que j'ai eue du Christ, mais le sentiment de paix incommensurable et d'amour que j'ai ressenti alors. Après coup, j'ai pu comprendre la parole du Christ, qui revient dans tous les récits d'après la Résurrection : "La paix soit avec vous." Je me suis en même temps sentie aimée, de manière personnelle, comme jamais je ne l'avais été.* »

Plus de vingt ans après, Lytta Basset incarne pour de nombreuses personnes « la joie imprenable » et « le pouvoir de pardonner » qu'elle évoque dans ses livres, et son rayonnement spirituel s'étend bien au-delà de la petite communauté dont elle est le pasteur.

□

Dans votre approche du mal, vous mettez en avant le *mal subi*, qui précède selon vous le *mal commis*. Remettez-vous en cause la notion, si importante dans la théologie chrétienne, du péché originel ?

La théologie, tout comme d'ailleurs la philosophie, s'est très peu intéressée au mal subi. J'y vois l'effet du refoulement, au sens psychanalytique du terme. En réalité, l'être humain, avant même d'avoir un quelconque pouvoir, commence par souffrir, parfois dès le sein maternel. C'est pourquoi je dis que le mal subi est premier, parce qu'il est premier dans notre expérience. Cela ne vide pas pour autant la notion de péché originel de tout sens. Le mot « péché » signifie « être coupé de Dieu ». Lorsqu'un être humain souffre depuis le début de sa vie, il développe la tendance à se replier sur lui-même – surtout s'il n'est pas accompagné, soutenu, dans cette souffrance. Il se coupe alors des autres et, finalement, de l'Autre qu'est Dieu. Mais il ne le fait pas exprès ! Aussi la notion de péché originel n'est-elle pas fausse. Mais elle est réductrice car elle ne dit, à mon avis, que la moitié de la vérité.

C'est donc, selon vous, la souffrance qui est à l'origine de la coupure, et non l'inverse.

Absolument. Cette idée se trouve dans les Évangiles. Jésus ne dit jamais : « Venez à moi, vous les pécheurs, les coupables », mais toujours : « Venez à moi, vous qui êtes fatigués et chargés » !

Ne peut-on dire, d'un autre côté, que cette coupure, dans l'ici et maintenant de notre vie, est cause d'une grande souffrance ?

Il y a là un cercle vicieux dans lequel on s'englue bien souvent très tôt. On entretient alors la souffrance autant qu'on la subit.

Tenir un tel discours ne risque-t-il pas de nous déresponsabiliser face au mal que nous commettons ?

Voir que le mal que nous reproduisons et faisons subir aux autres a une origine lointaine dans les souffrances que nous n'avons pas élucidées ne veut pas dire que nous n'avons aucune prise dessus. Notre travail est de nous questionner sur notre fonctionnement, notre dysfonctionnement plutôt, et de remonter à la source. L'appel à la responsabilité que j'entends tout au long de la Bible ne signifie pas : « Tu es un affreux, tu mérites la chaise électrique », mais : « Interroge-toi sur les raisons pour lesquelles tu dysfonctionnes, commence au moins par dire : “Ce n'est pas normal, je ne peux pas continuer comme cela.” » Et puis : « Va au plus profond de toi, jusqu'aux blessures qui ne se sont pas refermées. » A priori, personne n'a particulièrement envie de faire ce travail ; il faut vraiment y être poussé par la nécessité. En ce sens, nos dysfonctionnements nous sont utiles, ce sont comme des sonnettes d'alarme qui nous disent : « Tu ne vas pas si bien que tu le crois. »

Comment fonctionnent concrètement ces sonnettes d'alarme ?

Ce sont d'abord les autres qui vont nous alerter, en nous faisant reproche. Si nous ne l'entendons pas, notre corps, aussi, à travers ses symptômes, peut fonctionner comme une sonnette d'alarme.

Certaines personnes, manifestement, ont la capacité d'entendre et d'autres non. Pourquoi ? Il y a là quelque chose, semble-t-il, d'assez inexplicable...

Je me suis longtemps épuisée à essayer de répondre à cette question, jusqu'à ce que je décide que c'était une fausse question. Tout comme l'origine du mal, l'origine de la guérison (ou du salut) nous échappe. Dans les relations avec les autres qui semblent sans issue, lorsqu'on constate que l'autre, décidément, n'entend pas, la seule attitude juste est de revenir à soi-même. Et de se demander : « Qu'est-ce que la situation me pousse à comprendre ? À poser comme acte, ou comme parole ? Comment puis-je grandir ? » On est souvent étonné des résultats. Même si on a déjà compris des tas de choses, on a encore à grandir et les autres vont nous en offrir l'occasion.

Comment la Bible nous invite-t-elle à nous libérer de la souffrance ?

Une réponse à cette question se trouve dans l'attitude du Serviteur souffrant décrite dans Esaïe (52, 13 à 53, 12). Le verset central du texte, dit : « Il a établi son tombeau avec les méchants, parce qu'il a fait non-violence et qu'il n'y avait non-mensonge dans sa bouche[34]. » Faire non-violence, c'est accepter profondément que les choses ont été ce qu'elles ont été et qu'on n'a pas le pouvoir de les changer. Le non-mensonge, c'est dire la réalité, sans chercher ni à la nier ou à la minimiser, ni à l'amplifier. Ce qui est libérateur, c'est d'associer les deux. Pour la tradition chrétienne, le Christ incarne l'idéal du Serviteur souffrant. Mais tout être humain, chrétien ou non, est appelé à adopter cette attitude.

Une attitude qui consiste, en d'autres termes, à ne pas sombrer dans le sentiment de culpabilité, et à ne pas reproduire de façon inconsciente le mal qu'on a subi.

On reproduit le mal tant qu'on demeure dans l'inconscience. Aussi la libération passe-t-elle obligatoirement par une prise de conscience et le texte l'énonce en toutes lettres : « Nous n'avions pas compris et maintenant nous comprenons. » Parce qu'il est minable, qu'il ne se défend pas, le Serviteur souffrant semble coupable et les autres l'accusent. C'est ainsi que nous nous déchargeons sur l'autre de notre refus de voir ce qui ne va pas en nous. À l'inverse, lorsqu'on est mal fichu ou persécuté par les autres, on trouve toujours quelque chose à se reprocher. Là, le Serviteur souffrant comprend que ce n'est pas lui le coupable ; il peut alors nommer les « méchants », les malfaisants. C'est capital, car cela lui permet de basculer du côté de la libération.

Pouvoir enfin nommer le coupable, n'est-ce pas sortir de la confusion, la perte de repères, dans laquelle nous a jeté le mal que nous avons subi, en particulier lorsqu'il venait de proches ?

Cette confusion épouvantable dans laquelle nous sommes portés à croire que nous sommes coupables de ce qui nous est arrivé, c'est le *tohu-bohu*[35] de la Genèse. Dès que Dieu fait œuvre de création, ce *tohu-bohu* disparaît. Dès que nous nommons le coupable, une distance s'établit et la confusion cesse. À partir de là, tel le Serviteur souffrant, nous pouvons nous rendre solidaires des méchants, en faisant acte à la fois de non-violence et de non-mensonge. C'est ce à quoi nous invite le Christ : « Aimez vos ennemis. » Le plus difficile n'est pas tant d'aimer l'autre que d'admettre qu'il est un ennemi ! Surtout, vous avez raison de le souligner, lorsque l'autre est un proche. Beaucoup de gens se refusent ainsi de toutes leurs forces à reconnaître que leur père, leur mère, leur conjoint, etc., a pu se comporter comme un ennemi à leur égard.

Cette attitude consistant à nous rendre solidaires, malgré tout, de ceux qui nous ont fait souffrir, dépend-elle de notre seule décision ?

Le texte dit : « Si sa vie se place en offrande pour les fautes... » Il y a bien une décision à prendre. Mais qui la prend ? L'ambiguïté grammaticale de l'hébreu ne permet pas de dire si c'est Dieu ou bien le Serviteur souffrant lui-même. Cette ambiguïté est magnifique, car elle indique que c'est une œuvre commune. Je ne peux pas dissocier, en réalité, ma propre action, ma bonne volonté, de ce que Dieu fait à travers moi. La suite du texte est une longue description de la libération, non seulement du Serviteur souffrant mais aussi de beaucoup de ceux qui l'entourent...

Par quel processus ma propre libération aide-t-elle les autres à se libérer ?

En refusant de reproduire la violence tout en demeurant inflexible sur la vérité, le Serviteur souffrant invite les autres à se retourner vers eux-mêmes et à effectuer le travail que lui-même a déjà accompli. Mais il leur laisse le choix. Certains, encore une fois, entendront, d'autres non... Les deux attitudes sont symbolisées par les deux malfaiteurs qui entourent le Christ sur la croix.

À vous entendre, j'ai le sentiment, que le Christ est pour vous surtout un maître spirituel, c'est-à-dire quelqu'un qui a évolué, accompli tout un chemin, et ensuite donné un enseignement très profond invitant à suivre ce chemin...

Pour moi le Christ est à la fois, comme le dit la Tradition, « vrai homme et vrai Dieu ». Mais toute une partie de l'Église a surtout insisté sur le deuxième aspect. Or il me semble que le Christ a aussi ouvert une voie pour tout être humain de perfection, de parachèvement, pas dans le sens moral, mais dans le sens spirituel. C'est ce que les orthodoxes, fidèles à l'enseignement des premiers Pères, appellent « le processus de divinisation ».

La tradition chrétienne affirme que le Christ a seul rendu possible ce chemin...

Je ne peux pas me prononcer au sujet des autres religions. Mais, en ce qui me concerne, je n'aurais pas pu l'entamer ni le poursuivre sans lui. Pour moi, le Christ n'est pas seulement un maître spirituel, il est le Vivant, celui qui est sorti vivant de la mort.

S'il est possible de se libérer de la souffrance, est-il possible de pardonner, et comment ?

Dans l'Évangile de Matthieu (18), Pierre demande à Jésus : « Combien de fois mon frère aura commis une faute contre moi et je laisserai aller pour lui [lui pardonnerai-je] ? Jusqu'à sept fois ? » Jésus lui répond : « Je ne te dis pas jusqu'à sept fois mais jusqu'à soixante-dix-sept fois sept ! » Autrement dit : toute ta vie, si tu le veux. Il ne s'agit pas d'un commandement, mais du fruit d'un long mûrissement, qui est explicité dans le texte qui précède. Au début, les disciples demandent : « Qui donc est le plus grand dans le royaume des cieux ? » (c'est-à-dire, selon moi : « Comment faire pour grandir ? »). Jésus place alors un enfant au milieu d'eux et leur explique que, pour entrer dans le royaume des cieux, il leur faudra s'abaisser au niveau de ce petit enfant... Donc revenir à la racine de nos blessures, quand nous étions vulnérables et que notre confiance a été détruite.

Ensuite, dit le Christ, « si ta main ou ton pied te fait tomber, ampute-le et jette-le loin de toi ». En langage symbolique, cela évoque pour moi cette « mise à distance » dont nous parlions tout à l'heure à propos du Serviteur souffrant. Vient la promesse de la joie, fruit de l'unité intérieure, symbolisée par la brebis égarée qu'on a retrouvée... Il s'agit alors de vérifier où nous en sommes : « Si ton frère a commis une faute contre toi, va le trouver, fais-lui reproche ! » Puis il y a cette phrase très importante : « Tout ce que vous lierez sur la terre sera lié dans le ciel et tout ce que vous lâcherez sur la terre sera lâché dans le ciel. » Dieu n'a rien à rajouter à ce qui se passe entre les humains. Autrement dit : je ne suis pas responsable du mal que j'ai subi, mais je suis responsable de ce que j'en fais. Pleinement responsable.

À Chancy (canton de Genève, Suisse), le 10 décembre 2001.

Pour aller plus loin avec Lytta Basset

Bibliographie

— *La Joie imprenable*, Albin Michel, 2004.
— *Culpabilité, paralysie du cœur*, Labor et Fides, 2003.
— *« Moi, je ne juge personne »*, Albin Michel, 2003.
— *La Fermeture à l'amour*, Labor et Fides, 2003.
— *Sainte colère*, Bayard, 2002.
— *Le Pardon originel*, Labor et Fides, 2002.
— *Guérir du malheur*, Albin Michel, 1999.
— *Le Pouvoir de pardonner*, Albin Michel, 1999.

Contact

— Faculté de théologie – Université de Lausanne – BFSH2 – CH 1015 Lausanne (Suisse).

Roland Yuno Rech

Concentration et observation

C'EST LA « RECHERCHE du sens de l'existence » qui a conduit Roland Rech au zen. « *J'avais perdu la foi chrétienne de mon enfance,* explique-t-il, *et avec elle les repères traditionnels que donne la religion. Je me heurtais au non-sens, à la vision absurde d'un monde sans direction, sans valeur établie de manière transcendante.* » Les idéologies politiques ne lui apportaient pas plus de réponse : « *Je me suis rendu compte que toutes les entreprises humaines qui tendaient à donner un sens à la vie en introduisant plus de liberté, plus de justice, plus d'égalité, avaient été trahies, le plus souvent par ceux-là mêmes qui les avaient mises en œuvre.* » La cause ? « *Par un défaut de transformation spirituelle, d'émancipation et d'évolution intérieure* », diagnostique-t-il.

À l'âge de vingt-sept ans, l'ancien étudiant de Sciences-Po devenu cadre dans l'industrie décide de prendre un congé sabbatique et part, seul, en voyage. Ses pérégrinations le conduisent en Afrique du Nord, au Moyen-Orient puis en Inde. Là-bas, l'ambiance trop dévotionnelle des ashrams* qu'il visite le déçoit. Un ami de rencontre lui recommande d'aller au Japon. Mais les temples où il se rend dans un premier temps sont devenus des musées. Roland Rech en vient à connaître un état de désespoir. C'est alors qu'il a la possibilité, pour quelques heures, se glisser dans une *sesshin**. Après deux minutes d'apprentissage, il s'assoit, pour la première fois, en *zazen**. Et c'est en même temps la fin et le début de sa route, une « révolution intérieure » radicale qui éclaire, d'un coup, tous ses doutes, et qui guide, depuis, sa vie.

A-t-il connu l'éveil ? Lorsqu'il relate aujourd'hui cette expérience décisive, Roland Rech parle plutôt de « premier éveil » : « *C'est comme lorsqu'on perce un petit trou dans le mur,* explicite-t-il : *à ce moment-là, on peut regarder au travers et percevoir une réalité qui se situe au-delà. Puis on peut élargir le trou et même abattre le mur !* » Roland Rech ne restera que quelques semaines au Japon. De retour en France, il devient l'un des principaux disciples de maître Deshimaru* – qui l'ordonne moine et lui donne le nom de Yuno – et, à l'incitation de ce dernier, il se met peu à peu à enseigner, à son tour, le zen. Après la mort de son maître, ce statut d'enseignant est officialisé par le *shihô** que lui remet Niwa Zenji, le supérieur du monastère d'Eihei-ji* au Japon.

Aujourd'hui, Roland Yuno Rech, devenu à son tour maître zen, est responsable du *dôjô** de Nice et vice-président de l'AZI*. Il compte plusieurs centaines de disciples en Europe et anime presque chaque semaine une *sesshin*. Pour lui, l'essentiel demeure de « *pratiquer* zazen *avec les autres, chaque jour, et de transmettre ce que mon maître m'a transmis et qu'il avait lui-même reçu de son propre maître, Kôdô Sawaki** ».

□

Tout l'enseignement du Bouddha* part de cette simple question : comment se libérer de la souffrance ? Pour y répondre, le Bouddha a choisi de quitter le monde et a incité ses disciples à en faire autant. De fait, le bouddhisme est demeuré une voie essentiellement monastique... Cela signifie-t-il que pour le bouddhisme la vie ordinaire, le travail, la famille, la vie en société, etc., sont des obstacles à la réalisation ? Qu'en est-il selon vous ?

Considérer le bouddhisme comme une voie essentiellement monastique est, je crois, une erreur. Pour moi, la résolution de la souffrance ne passe pas par le fait de quitter le monde, mais par le fait de changer son point de vue sur le monde. Aussi, ce n'est pas le monde qui doit être quitté, mais notre état d'esprit ordinaire : un esprit d'attachement, illusoire, qui nous fait nous identifier à notre petit ego, nous entraîne à développer toute une série de désirs et de volonté de puissance, et qui pervertit notre attitude face au monde. La pratique de la méditation nous permet de purifier nos motivations, d'y voir plus clair et d'harmoniser notre vie avec notre réalité intime, profonde, de manière à ce que cette vie devienne plus heureuse et plus juste. C'est cela qui est fondamental et non le fait de quitter ou pas le monde.

Pourtant tous les grands maîtres ont été des moines !

Il est difficile de s'occuper d'une communauté de disciples et de se rendre disponible, en même temps, pour sa famille ou son travail. J'ai été moi-même confronté à cette difficulté. Si j'ai choisi de me consacrer à l'enseignement du zen, c'est parce que maître Deshimaru, qui avait perçu cette vocation en moi, m'y a encouragé. De plus, après sa mort, nous étions peu nombreux à pouvoir transmettre ce que nous avions reçu de lui... Alors je me suis demandé : « Comment utiliser ma vie de la manière la plus utile ? » Mais enseigner n'est pas la seule manière de transmettre. On peut aussi transmettre à travers ce que l'on actualise dans sa propre vie quotidienne.

De quelle manière ?

La vie spirituelle ne commence pas au moment où on se serait, enfin, dégagé de tous les obstacles. Chaque moment de la vie quotidienne, au contraire, est une occasion de pratiquer et de s'éveiller. En ce sens les « phénomènes » sont même nécessaires : on ne peut pas pratiquer sans eux ! Dès qu'une personne avance sur le chemin spirituel, qu'elle transforme sa relation aux autres et au monde, alors le monde, lui aussi, se transforme et fait un pas en avant. Le sens de la voie est d'aller vraiment ensemble, d'actualiser une vie complètement solidaire du monde dans lequel on se trouve. Dans le zen, il n'y a pas de séparation, pas de dualité entre soi et le monde.

De toutes les grandes religions, le bouddhisme est la seule à ne pas parler de Dieu. Quel sens peut avoir une vie spirituelle sans Dieu ? Si on ne se tourne pas vers Dieu, vers quoi se tourne-t-on ?

On tourne son regard vers l'intérieur, afin de trouver la transcendance en soi. On peut dire qu'il s'agit de trouver Dieu en soi, mais Dieu en tant que dimension qui nous habite et nous imprègne profondément, qui est l'essence même de notre existence, et qui en même temps nous dépasse, ne nous appartient pas. Ce que le Bouddha appelait le *nirvâna** n'est pas un lieu, ou un objet, ce n'est pas « quelque chose » ; c'est une transformation de la conscience. C'est l'extinction de l'illusion « égotique » et la réalisation de la non-naissance et de la non-mort. Dans cette conscience, on perçoit que soi et tout ce qui est apparemment non-soi* n'est pas séparé et on en vient à harmoniser notre vie avec cette réalité.

Y aurait-il une réalité fondamentale, une nature originelle que l'on retrouverait en s'éveillant ?

Oui, bien sûr. Mais j'ai envie de dire que la véritable nature de la réalité est de ne pas avoir de réalité, c'est-à-dire de ne pas avoir de nature fixe, substantielle. La conception de quelque chose qui existerait de manière absolue (ce qui veut dire, étymologiquement, « séparée ») est une production de l'esprit. Du point de vue du bouddhisme, il n'y a qu'un champ ouvert d'interdépendances. Accepter cette réalité est profondément libérateur, même si cela peut paraître a priori effrayant.

Cela signifie-t-il qu'il faut abandonner l'ego ?

L'être humain, pour se développer sainement, a besoin de se constituer une personnalité, de se différencier. Il a peur de se dissoudre dans ce que certains ont appelé « le sentiment océanique ». C'est cette peur que les mystiques transgressent. Cela ne signifie pas qu'ils abandonnent leur différence, mais qu'ils la font coexister avec le sens de l'identité. Vous et moi sommes différents ; en même temps, nous partageons quelque chose en commun qui nous dépasse tous deux. Aussi n'est-ce pas l'ego qu'il faut abandonner, mais le dysfonctionnement qui consiste à s'identifier à cet ego.

L'expérience de l'interdépendance naît-elle de la pratique de *zazen* ?

On en fait en effet directement l'expérience en *zazen*, en voyant à quel point la posture et l'attitude de notre corps, notre façon de respirer et notre état d'esprit sont interdépendants. En outre, la concentration sur le corps – en *zazen*, mais aussi en marchant, en mangeant, etc. – permet d'apaiser l'esprit. Pour reprendre une image souvent utilisée dans le zen, lorsque le vent cesse de souffler, la surface de la mer s'apaise. On peut alors voir le fond. En même temps, la surface reflète de manière juste, authentique, l'ensemble de l'univers. La conscience devient comme un miroir à deux faces, l'une tournée vers l'intérieur l'autre vers l'extérieur, dans lequel on peut observer les choses aussi bien à leur niveau purement phénoménal qu'à leur niveau ultime... La combinaison de la concentration et de l'observation est vraiment spécifique du zen. L'observation entraîne forcément une adhésion à ce qui apparaît. Mais un miroir qui retiendrait quoi que ce soit à sa surface ne pourrait pas fonctionner longtemps. Alors, le retour à la concentration sur le corps permet de lâcher prise, de laisser passer. En *zazen*, on apprend à pratiquer simultanément concentration et observation, ou à faire des allers et retours très rapides de l'une à l'autre.

Cette disposition peut-elle s'étendre dans la vie quotidienne ?

Je ne suis pas pour une vie qui ne serait que contemplative. L'engagement est nécessaire. Mais pour qu'il soit juste, pour que nos motivations soient claires, il doit être précédé d'une période de méditation. Pour moi, l'essence du zen est d'éclairer l'action par la contemplation et de nourrir, en retour, la contemplation par l'expérience issue de l'action. La méditation, telle qu'elle a été enseignée par le Bouddha, nous permet « d'être dans le monde sans être du monde », c'est-à-dire sans en être prisonnier, ou s'y perdre.

Selon vous, peut-on parler d'un éveil définitif ? Ou bien n'y a-t-il qu'une succession d'éveils, appelés à se renouveler sans cesse ?

La tradition évoque l'éveil du Bouddha comme l'éveil parfait, définitif. Pour ce qui me concerne, je dirais qu'il y a deux niveaux : celui de *zazen*, qui est un retour, en quelque sorte, à la condition normale, où pratique et éveil sont un ; celui de la vie quotidienne, où on ne cesse de passer de l'éveil à l'illusion et réciproquement. Maître Dôgen* disait : « Les êtres ordinaires s'illusionnent au sujet de l'éveil, les bouddhas* s'éveillent au sujet de leurs illusions. » J'aime aussi beaucoup cette phrase de Kôdô Sawaki : « L'obscurité de l'ombre des pins dépend de la clarté de la lune. » Autrement dit, l'éveil comme l'illusion sont vacuité, ils n'ont pas de substance propre, ils n'existent que l'un par rapport à l'autre... Mais c'est sans doute parce que je n'ai pas connu l'éveil définitif que je dis cela !

Ainsi, même si l'on n'est pas complètement sorti de l'illusion, on peut tout de même se rendre compte qu'on est dans l'illusion... un peu comme un dormeur qui saurait qu'il dort et se réveillerait à ce moment-là ! Quels changements cette capacité à s'éveiller a-t-elle provoqué dans votre vie ?

D'abord une plus grande liberté. Cela ne signifie pas, par exemple, être sans désirs, mais être détaché de la réalisation, ou non, de ses désirs. Cette liberté est pour moi source de bonheur, mais pas d'indifférence. Je souffre beaucoup moins de mes propres attachements, mais je souffre souvent de la souffrance des autres ; cela ne me laisse pas en paix. Avec le temps, je constate aussi que j'accepte de plus en plus mes propres faiblesses, ou imperfections, tout comme celles des autres. C'est ce qu'on appelle, dans le zen, développer « l'esprit de la grand-mère », l'esprit de compassion et de bienveillance.

À Pegomas (Alpes-Maritimes), le 27 février 2002.

Pour aller plus loin avec Roland Yuno Rech

Bibliographie

— *Pousser le ciel avec la tête, la terre avec les genoux* (entretien avec Edmond Blattchen), Alice, 2001.
— *Zen, l'éveil au quotidien*, Actes Sud, 1999.
— Moine zen en Occident (entretiens avec Romana et Bruno Solt), Albin Michel, 1994.
— *Yuno Kusen* (recueil d'enseignements en plusieurs volumes, disponibles au dôjô zen de Nice).

Contact

— Dôjô zen de Nice – 4 bis, avenue de Notre-Dame – 06200 Nice.
— Tél. : 04 93 80 81 49.
— Site Internet : http://www.zen-nice.org

Stephen Jourdain

Une silencieuse coïncidence

Pour Stephen Jourdain, « *notre travail le plus urgent est de redevenir des enfants intérieurement : c'est la base de toute recherche spirituelle* ». Pourquoi ? D'abord parce que l'enfant, dépourvu de tout savoir, vit le monde comme un tissu d'impressions. Il est ainsi beaucoup plus proche du réel. Ensuite parce qu'il s'amuse ! Or, « *le chercheur spirituel doit exclure tout sérieux de son attitude* ».

Sans doute Stephen Jourdain, né en 1931 à Neuilly, garde-t-il en lui cet esprit d'enfance. Il n'obéit en tout cas en rien aux conventions, et surtout pas à celles qui règnent dans les milieux spirituels. Il atteint l'éveil total dans sa seizième année, « *de façon abrupte, sans crier gare* », en se coltinant avec le *Cogito ergo sum* de Descartes, qu'il perçoit alors comme une énigme insondable – l'équivalent, découvrira-t-il plus tard d'un *kôan**. En devient-il un maître spirituel, fait-il des disciples autour de lui ? Pas du tout. Après une brève incursion en littérature – saluée par Jean Paulhan – il devient agent immobilier, se marie et élève ses enfants. Des années plus tard, il s'installe en Corse avec sa famille et tient des chambres d'hôte. Ceux qui l'ont rencontré alors se souviennent avec effarement d'un type capable de parler pendant des heures de l'éveil, tout en allumant cigarette sur cigarette et buvant force cafés noirs...

Depuis quelque temps cependant, « Steve », comme on le nomme, ayant rompu avec sa femme, est sorti de son silence public et enchaîne livres et conférences. Il tente non seulement de décrire avec précision ce qu'est l'éveil mais aussi de savoir dans quelles conditions il peut survenir, lui qui, dès l'enfance, pense-t-il, se tenait « *tout près du toit du rêve* ». Sans le chercher, il réussit une synthèse impressionnante de l'Orient et de l'Occident, du « non-deux » de la vacuité bouddhiste et du « Je » personnel chrétien... Tout en continuant à s'amuser !

□

Qu'appelez-vous « l'éveil » ? Comment peut-on le caractériser et en quoi cet événement est-il différent d'états spirituels, même élevés, que nous pouvons connaître ?

Ce que j'appelle « éveil », par essence, n'est pas un état. Un sujet profond peut connaître des états glorieux, de surconscience, états qui sont remarquables et que je ne méprise pas. Mais il reste alors à accomplir le pas essentiel. Ce pas est accompli lorsque le sujet entre en collision avec lui-même. Il se produit alors une transmutation absolue de la nature du sujet. Il est lui-même dans sa texture le théâtre de la révolution, de l'événement. L'éveil n'est pas une chose, c'est un acte.

Est-ce à dire que l'éveil n'est pas un état qui affecte le sujet, mais le sujet qui se révèle à lui-même ?

Il y a dans l'éveil un aspect extraordinairement familier, personnel. En fait, l'éveil, c'est moi ! La singularité absolue est le passage obligé pour atteindre à l'universel, la seule porte qu'on puisse pousser. Dans la frange de cet astre spirituel qu'on pourrait appeler « conscience infinie », « conscience infiniment consciente d'elle-même », se manifeste une évidence : ce qui est vécu là, bien que ce soit infiniment personnel, a valeur universelle.

L'ultime réalité qu'est l'éveil n'est-elle pas en même temps notre réalité ordinaire ?

Oui, il n'y a pas de séparation. L'éveil n'est pas une déshominisation. L'éveil est notre essence spirituelle ; mais quand on dit « notre essence spirituelle », on parle de ce type que je suis : c'est l'essence du type que je suis et qui est là. C'est l'ultime racine des êtres humains que nous sommes. Quand je regarde le soleil de la conscience pure, je vois le visage d'un petit enfant humain – qui est inclus dans ce soleil. Si vous ôtez le soleil, il n'y a plus d'enfant. Mais si vous ôtez l'âme de l'enfant humain, il n'y aura plus de soleil non plus.

Tout le monde peut-il s'éveiller et dans quelles circonstances ?

L'éveil n'est pas réservé à une élite. Il n'est en aucun cas lié à nos caractéristiques individuelles. C'est une potentialité de l'esprit humain, qui s'actualise ou ne s'actualise pas – point. L'éveil est sans cause. On ne peut pas dire que quoi que ce soit le génère. On ne peut même pas dire que ce serait comme une graine qui germe, non. Mais il est vrai qu'il y a des circonstances qui favorisent son éclosion. Ce sont les situations intérieures extrêmes. Ce peut être la détresse ; ce peut être, comme cela a été le cas pour moi, la voie de l'interrogation forcenée, passionnée et, dans le fond, la voie du bonheur. Ce qui est redoutable, c'est la tiédeur !

Pour reprendre une image que vous utilisez, on ne peut pas faire que le soleil se lève, mais on peut mettre en place le ciel dans lequel ce soleil va se lever.

J'ai mis très longtemps à réaliser cela. Non pas dans ma vie ou dans la connaissance immédiate que j'en avais, mais dans les considérations que je pouvais nourrir à propos de l'éveil. C'est pourtant d'une importance pratique considérable. Quand Dieu vous entre dans l'esprit comme une balle de fusil vous percerait le front, on reçoit un choc énorme. On ne le mesure pas assez, mais un homme au passif un peu trop lourd pourrait en être transformé en légume.

Quelle est, alors, la nature de ce ciel ?

La matrice, le ciel de l'existence pure, est l'inexistence pure. Si on cherche l'ultime réalité de nous-mêmes dans le royaume de la réalité, on ne va pas la trouver. On va peut-être connaître des états de surconscience, mais ils resteront passagers. On peut comparer le soleil de la conscience infiniment consciente d'elle-même à un produit chimique qui aurait une très grande volonté de cristalliser... Même si on plonge ce dernier dans une solution qui n'est pas la bonne, il va se produire des amorces de cristallisation. Mais le résultat sera décevant. Alors que si on porte l'attaque consciente dans le ciel de l'inexistence pure, de l'irréel pur, le produit va cristalliser instantanément.

Que voulez-vous dire lorsque vous évoquez « l'inexistence pure » ?

Je me réfère, selon la définition d'Henri Corbin[36], à un imaginaire pur, « non-subjectif, non-mental ». Nous avons en nous cette faculté fondamentale, antérieure même à la faculté de l'intelligence, qu'est l'imagination. Mais nous l'avons, pour la plupart d'entre nous, pervertie. Quand on est enfant, on sait imaginer, on sait jouer, faire semblant, simuler. Mais, devenu adulte, on ne sait plus et on réduit l'imagination à une vague rêverie subjective. Or la puissance d'imaginer correspond à la puissance qu'a l'esprit humain de mettre en place le ciel dans lequel le soleil de la conscience pure va se lever.

Il s'agit donc d'être comme un enfant qui joue ?

« Fais semblant d'être et tu seras »... Si les choses se passaient sur terre comme au tréfonds de l'intériorité humaine, la fusée Ariane, au lieu de décoller sagement de son aire cimentée, décollerait directement du simulateur de vol ! Extraordinaire, non ? Si je fais convenablement semblant d'être, sans entacher ce semblant de la moindre trace de réalité, je suis. Imaginer, faire semblant, jouer... Nous parlons de la même chose. C'est la même réalité adorable et porteuse de tout ce qui existera jamais authentiquement.

Est-ce que cela signifie aussi cesser de se prendre pour soi-même, cesser de s'identifier à quelque chose qui serait *moi* ?

Ce que l'éveil met immédiatement en place et qui lui est consubstantiel, c'est : « Je me désolidarise de ce que je suis. » Ce n'est pas le phénomène de l'identification qui est en cause, ce n'est pas de dire : « Je suis *ceci* ou *cela* », c'est de se réduire à *cela*. C'est comme lorsque je regarde un film ou lis un livre : je peux m'identifier au héros – il n'y a là aucun mal ni aucune honte – mais je ne suis pas réductible à cette identité.

Mais la plupart du temps l'identification est inconsciente !

Elle est toujours inconsciente. Le seul remède contre cette identification forcenée qui nous réduit à *cela*, c'est l'acte de conscience. La lumière de la conscience est l'ennemi mortel de l'identification, elle la détruit sur place.

N'aboutit-on pas à un paradoxe ? Car il semble que pour sortir de cette identification il faille plonger dedans et non pas lutter contre...

Il est très difficile de décrire l'approche correcte. Le moins mauvais serait de parler d'acte gratuit, sans intention. Sans intention et à travers toutes les intentions, si légitimes puissent-elles paraître, comme par exemple la recherche de la non-souffrance. L'éveil n'est la recherche de rien. C'est un acte très mystérieux. Il n'est issu d'aucune intention mais il traverse, il perfore comme un coup de poignard dans une feuille de papier toutes les intentions, toutes les spéculations, toutes les motivations. C'est un coup pour rien, on ne sait pas d'où ça jaillit. C'est difficile, parce que l'esprit a toujours une visée plus ou moins consciente, il cherche toujours quelque chose. Or, pour atteindre l'éveil, il faut plonger directement dedans, sans cause, sans aucun appui, sans raison. Seuls des gens extraordinairement intuitifs peuvent comprendre cela.

Je vous ai entendu dire lors d'une conférence que « ce que nous appelons réel est un tissu d'impressions ». Un peu plus tard, j'en avais ras le bol de vous écouter. Dans un premier temps, je me suis identifié à ce ras-le-bol : c'est moi. Et puis j'ai tenté de mettre en application ce que vous préconisiez, à savoir *goûter la saveur* de ce ras-le-bol. À ce moment-là, ce qui était quelque chose de noirâtre est devenu très lumineux et puis c'est devenu rien...

Voilà, c'est ça ! Je traverse un état négatif... et puis tout d'un coup il me vient une idée apparemment invraisemblable : et si cette chose avait un goût, une saveur ? Et je découvre que le ras-le-bol a un goût très spécifique, aussi spécifique que le goût de la fraise ou de la framboise, un goût tout à fait défini. Dès l'instant où je fais cela, le problème est exorcisé, comme par magie. Ce qui était noir devient blanc : on a l'autre face, la face diurne de la chose. Et puis dans un deuxième temps, on comprend que c'est rien. Un ange est passé – paf ! terminé ! J'appelle cela « casser la maison de l'adversité », c'est-à-dire détruire sur place la pseudo-négativité qui nous envahissait.

Ce qui est vrai du ras-le-bol est aussi vrai de n'importe quoi, n'est-ce pas ? Aussi, ce qui m'a ennuyé immédiatement, c'est qu'il fallait recommencer tout le temps !

Oui, c'est vrai, il faut recommencer tout le temps. C'est un obstacle et cela aussi a une saveur, ou un son. Si vous écoutez le son, vous êtes délivré du problème. Il n'y a plus de problème.

Une autre de vos remarques m'a aidé, je crois, à comprendre : « L'esprit est aussi totalement et infiniment présent dans une valeur négative que dans une valeur positive. » Comme nous nions, pourtant, cette présence !

Ce qui fait toute la négativité destructrice d'une chose, c'est qu'on l'a séparée de l'esprit. Si on comprend à l'inverse que c'est une manifestation parfaitement saine de l'esprit, le serpent est toujours là, mais on lui a arraché les crocs. En fait, ce n'est plus un serpent, c'est une guirlande de fleurs. La libération est instantanée. Cette voie est d'une importance extrême car elle est très simple, elle ne demande pas de disposer d'une grande culture philosophique. Prenez ce cendrier : selon les critères habituels, il n'induit en moi aucune espèce de sentiment. Or, en fait, il y a bien un sentiment du cendrier. Sans le sentiment, le cendrier n'existerait pas. On mettra peut-être quelque temps avant de découvrir que tout n'est qu'un tissu d'impressions... Mais on y arrivera : il suffit d'être un peu agile intérieurement.

Ce qui me paraît fou, c'est qu'en réalité nous passons notre temps à nous séparer, à nous couper de nous-mêmes. Mais pourquoi ?

C'est étrange, en effet. Mais j'ai un élément de réponse dans l'éveil lui-même. Au moment même où je donnais le « coup de sabre », j'ai bien vu qu'une partie de moi-même ne voulait pas donner ce coup de sabre. Conscient, de manière lumineuse, de cette pensée, je n'étais pas cette pensée, j'en étais désolidarisé. Il n'empêche que cette pensée était là. C'était de la boue, une boue qui aurait pu enfouir, peut-être dissoudre à tout jamais, le joyau le plus précieux du monde. Et pourtant une partie de moi-même adorait cette corruption, cette déchéance ! Autrefois, on aurait appelé cela « le diable ». Je ne l'imagine pas sous les traits d'un bouc avec une queue fourchue, mais « ça » existe bien. Ce n'est pas pour rien, ce n'est pas juste un accident si nous nous réduisons à la pensée que nous produisons, si nous n'entendons pas le son de ce qui est noirâtre, négatif en nous. C'est parce que nous adorons cette corruption. Une partie de nous entretient avec elle une « liaison » – l'équivalent, dans le monde spirituel, d'une liaison incestueuse.

Mais cette liaison entraîne énormément de souffrance. Alors pourquoi, encore une fois, l'entretenir ?

Malheureusement, ceci se passe dans le tréfonds de notre intériorité et la plupart d'entre nous ne sommes pas au fait de ce qui se passe dans ce tréfonds. Nous naviguons en surface, nous voyons ce qui se passe en surface mais tout au fond, le moteur de la déchéance, c'est la volonté de déchoir. Pour moi, c'est clair. Rompre avec cela est infiniment plus difficile encore que de rompre avec une femme. L'acte à accomplir est de la même nature : cette femme me perd, elle me tue, mais tout au fond il y a une partie de moi-même qui ne veut pas rompre. Et il est possible que cette part l'emportera sur celle qui veut se libérer. C'est un mystère énorme... Mais c'est comme ça. Au début, je pense que c'était un jeu : le jeu du moi et du non-moi. Un jeu amusant certes, mais très dangereux. On a bien le droit de jouer ! Cependant si le jeu vire en réalité, la brisure, la fêlure, se met en place instantanément et tout le réel est fendu en deux. On devient séparé de tout et même notre moi le plus intime devient séparé de lui-même, cassé en deux.

N'y a-t-il pas néanmoins un état intermédiaire entre l'état de séparation et celui de l'unité ? Un état qui permet de créer un lien, une reliance ?

C'est l'état d'enfance, ou d'innocence. Dans cet état, il y a bien *moi* et *l'autre*. La dualité, en fait, est là dès le départ, elle est constitutive de la création. Mais elle n'est pas malsaine en elle-même, tant que l'intervalle a valeur de lien. Les choses commencent à mal se passer, en général à l'adolescence, quand le lien est brisé. Alors on n'a plus moi-lien-l'autre, mais moi-rupture-l'autre, moi-rupture-moi, moi-rupture-tout. L'enfance fait partie de l'état de rêve (au sens où les Orientaux l'entendent), mais ce rêve est semence d'éveil, car le lien prédomine. C'est essentiel, car dès l'instant où je me relie aux choses, je me relie à moi-même, donc je suis en coïncidence avec moi-même, je suis en coïncidence avec tout.

Cela me fait songer à cette phrase du maître zen Houang-Pô* : « Une silencieuse coïncidence suffit pour que cesse tout discours intérieur »...

Oui, c'est exactement cela ! Ce cri a été poussé tant de fois, tant de fois le coup de sabre a été donné ! Cela n'a guère eu, hélas, d'influence. On peut avoir l'illusion de parler de l'éveil. Mais on ne peut ni l'aimer, ni le penser. La seule relation authentique qu'on puisse avoir avec lui est de l'être.

À Mougins (Alpes-Maritimes), le 23 mars 2002.

Pour aller plus loin avec Stephen Jourdain

Bibliographie

— *La Bienheureuse Solitude de l'âme*, Accarias-L'Originel, 2003.
— *Moi : l'évidence perdue*, Accarias-L'Originel, 2002.
— *Una : un amour philosophal*, Le Relié, 2001.
— *Une promptitude céleste*, Le Relié, 2000.
— *Cahiers d'éveil*. T. I : *Le plus haut degré d'amour de soi* ; t. II : *L'Étoile soi*, Le Relié, 1995.
— *L'Irrévérence de l'éveil*, entretiens avec Gilles Farcet, Le Relié, 1992.

Contact

— 4, route de Durtol – Ternant – 63870 Orcines.

Peter Fenner

L'expérience de la liberté

Peter Fenner a été moine bouddhiste pendant neuf ans au sein de la tradition tibétaine. Engagé avec intensité dans la recherche de l'éveil, appliquant avec rigueur la voie proposée par ses maîtres, il se retrouve néanmoins confronté, à un moment, à une impasse. Il ose alors, dit-il, « *vivre les sensations, les émotions* » qui se présentent à lui, quelles qu'elles soient, et son attention se porte de plus en plus sur ce qui se passe « *dans l'instant présent* ».

La croyance fondamentale que « *quelque chose manque* », observe cet Australien docteur en philosophie du bouddhisme et professeur d'histoire des religions à l'université de Deakin, nous empêche de trouver la véritable libération. Elle continue, de plus, à influer profondément sur notre pratique spirituelle. Partant de ce constat, il développe une approche laissant se révéler successivement nos différentes fixations, cela « *jusqu'au moment où la pratique finit par disparaître pour se fondre dans l'expérience de liberté naturelle* ».

Tout en poursuivant ses travaux de recherche sur le bouddhisme, Peter Fenner enseigne depuis une quinzaine d'années cette approche en Australie, en Europe et aux États-Unis. Dans ses stages ou conférences – comme dans notre entretien – il commence le plus souvent par... demeurer en silence. Il ne lui reste plus qu'à s'appuyer sur les réactions que provoque ce silence pour amener chacun à expérimenter « *clarté naturelle et sérénité* ».

□

L'un des thèmes récurrents dans votre enseignement est le sentiment, si souvent présent en nous, qu'il nous manque quelque chose. Il nous manque quelque chose pour être heureux, ou pour être éveillés...

La manière la plus simple de procéder est d'observer ce qui se passe en cet instant. Manque-t-il quelque chose ou non ? Je pourrais vous faire une suggestion : ce qui manque en ce moment, c'est une interview... Qu'en pensez-vous ? Y a-t-il quelque chose que nous ayons besoin de faire en ce moment ?

D'un côté : non, il ne manque rien. D'un autre point de vue, je suis venu pour faire une interview !

Voilà : ce qui semble manquer, c'est une interview. Si nous ressentons que quelque chose a besoin d'être fait, alors cela met en évidence le fait que quelque chose semble manquer.

Je ne suis pas sûr de comprendre...

Aussitôt que nous disons : « Je ne comprends pas », alors cela présume qu'il y a quelque chose à comprendre. C'est un exemple de la manière dont nous créons l'expérience que quelque chose manque. Nous supposons que nous avons besoin de savoir ce qui est en train de se passer, et si nous n'en avons pas une interprétation, nous nous sentons mal à l'aise, nous souffrons. Le bouddhisme offre la possibilité de ne pas avoir besoin de savoir ce qui est en train de se passer, et de ne pas en souffrir... *(Silence)*. Vous voyez, dès que vous posez une question, vous pouvez reconnaître le processus de création de quelque chose qui manque, parce que vous dépendez d'une réponse. Ce que nous faisons maintenant, c'est juste observer ce mécanisme : comment nous créons l'expérience de quelque chose qui manque.

À un moment, je me suis senti inintelligent et c'est alors que j'ai dit : « Je ne comprends pas. »
Ce que je dis, c'est qu'il est tout à fait possible que nous ne sachions pas ce qui est en train de se passer. Il est même possible qu'il n'y ait rien à comprendre.

Notre désir d'éveil, ou de réalisation spirituelle, provient-il de ce manque, du constat qu'il manque quelque chose ?
L'éveil est ce que nous projetons lorsque nous sommes présents à l'expérience que quelque chose manque et quand nous créons dans notre mental ou notre imagination tout ce qui pourrait déplacer ou supprimer l'expérience que quelque chose manque. Si nous ne sommes pas présents à cette expérience, alors l'éveil n'a pas de sens, ce n'est pas une idée importante.

Il arrive que nous vivions l'expérience que rien ne manque. Que se passe-t-il alors ? Il me semble que la plupart d'entre nous nous demandons quelles sont les conditions qui ont créé cette expérience. Et puis nous cherchons à les retrouver.
Oui, mais ce que le bouddhisme ou d'autres traditions nomment l'« éveil », ou la « libération », ce n'est pas l'expérience que rien ne manque.

Peut-on définir l'éveil, peut-on en dire quelque chose ?
(Silence.) Non, je ne peux pas.

Peut-on dire alors ce qu'est le non-éveil, la non-libération ?
Eh bien, vous pouvez dire ce que c'est, mais cela ne veut pas dire que c'est vrai.

Cela signifie-t-il que c'est une expérience subjective, ou créée par notre propre esprit ?

L'assertion que nous devrions considérer est celle qui se trouve dans le Sûtra du Cœur* et qui est reprise dans les écrits du zen : « Il n'y a ni libération ni non-libération. » Cette assertion ne me donne rien à penser. Ou plutôt, lorsque je la considère, je ne sais pas comment penser à propos de la libération ou de l'éveil. Je pense que c'est l'intention de cette assertion. Elle ne nous donne aucun espace pour générer une interprétation au sujet de la libération. Peut-être est-ce cela, la libération : être libérés de toute préoccupation au sujet de savoir ce qu'est la libération, ou de savoir si nous sommes libérés ou pas.

En même temps, beaucoup de gens ne semblent pas du tout préoccupés par cette question, peut-être simplement parce qu'il sont pris par leurs activités quotidiennes. Pourtant, ils continuent de souffrir !

Je pense que tout le monde ressent de l'inquiétude par rapport à cette question. Mais chacun a une construction ou une interprétation différente de ce qu'est l'état de libération ou de bonheur. Pour les uns, cela sera d'atteindre un certain niveau de vie, pour d'autres, de vivre un grand amour. On peut avoir une compréhension spirituelle de la libération ; on peut aussi bien en avoir une compréhension matérielle ou émotionnelle. Dans tous les cas, on continue de fonctionner dans une structure dualiste qui oppose libération et asservissement.

Voulez-vous dire que tout cela revient au même ?

Non, parce que si nous disons que tout est la même chose, cela nous donne toujours quelque chose à penser. La fonction d'assertions comme celle du Sûtra du Cœur que j'ai citée, ou encore des *kôans** du bouddhisme zen, c'est de nous amener au-delà de nos interprétations à propos de ce qui est train de se passer, de nous permettre d'être juste présents à ce qui est, sans avoir besoin de savoir ce que c'est.

Alors, si j'entre dans le processus de l'interprétation, devrai-je m'interroger sur le fait que je suis en train d'interpréter, ou sur le besoin que j'en ai ?

Je dirai qu'à nouveau vous êtes en train de créer quelque chose à faire. L'autre option, c'est : en cet instant, il n'y a rien que nous ayons besoin de faire, nous n'avons pas besoin de réponse à votre question. Vous posez une question, une question apparaît et c'est tout. Nous pouvons alors être libres du besoin d'une réponse à la question, il peut y avoir ou ne pas y avoir de réponse, cela ne fait aucune différence.

Pourtant vous avez pendant de nombreuses années suivi les enseignements de maîtres bouddhistes et pratiqué auprès d'eux. Pourquoi ?

Parce que je pensais que quelque chose manquait. Par définition, si je sens que quelque chose manque, alors je m'oblige à trouver quelque chose qui, dans ma croyance, éliminera, dissoudra l'expérience que quelque chose manque.

Pensez-vous que vos années de pratique vous ont aidé à parvenir à ce point ?

Je ne peux pas imaginer être ici sans avoir fait ce que j'ai fait.

Alors, qu'est-ce qui vous a amené à créer votre propre approche ?

Je ne pense pas avoir créé ma propre approche. Au départ, disons il y a vingt ans, ma pratique était définie par l'idée que si je faisais telle ou telle chose, si je méditais, si je cultivais une certaine attitude, alors j'atteindrais la libération, l'éveil, quelque part dans l'avenir, dans de nombreuses vies futures. Puis, au fil des années qui ont passé, j'ai accordé de plus en plus d'attention à la qualité de ce qui se passe dans l'instant, en développant une appréciation plus fine de ce qui contribue à l'intensité de souffrance ou bien de liberté que je vis à chaque moment. Ce que je dis maintenant est le produit de ce que je vis, et non la répétition d'une interprétation que l'on m'a enseignée ou que j'ai lue dans les textes.

Néanmoins vous enseignez dans vos livres, ou encore à l'université, ce que sont les différentes traditions du bouddhisme.

Oui, mais je tente de montrer que toute tentative de résoudre intellectuellement les paradoxes du cheminement spirituel est très fragile. En même temps, il est très facile de tirer un confort intellectuel de n'importe quel système de croyances.

Faudrait-il se priver de tout confort intellectuel ?

Non, je dis seulement que le confort intellectuel peut se révéler très décevant. C'est ce qui s'est passé pour moi. Pendant un temps, j'ai été extrêmement sûr de la cohérence du bouddhisme et, d'une certaine manière, de son exposition systématique. Et puis la vie a évolué de telle façon que se sont présentés des défis auxquels je n'ai pu faire face avec ma seule compréhension intellectuelle du bouddhisme. J'ai su que cette compréhension était fragile et que j'avais besoin d'autre chose.

À quelles sortes de défis faites-vous allusion ?

(Silence.) La manière dont je m'étais impliqué dans le bouddhisme m'avait donné une grande sécurité. À un moment donné pourtant, sur mon chemin, j'ai dû reconnaître que je ne savais plus comment procéder. J'ai dû me confronter, à un niveau très fondamental, à l'ignorance de qui j'étais et de comment vivre ma vie. Il m'a fallu accepter de ne plus pouvoir seulement suivre une prescription et me montrer disposé à faire un pas en avant sans connaître les conséquences de ce que je faisais. À entrer dans l'inconnu, en quelque sorte.

Qu'est-ce qui a fait que vous avez perdu votre confiance, ou du moins qu'elle n'était plus suffisante pour répondre aux défis de la vie ?

Dans une perspective bouddhiste, vous diriez que des *karmas** étaient arrivés à maturation et qu'il fallait que je reconnaisse que je ne savais plus qui j'étais. Je me retrouvais à vivre des énergies, des émotions, des attractions, des aversions que je n'avais jamais vécues auparavant, des peurs que je ne connaissais pas. Il m'a fallu reconnaître que j'étais soudain confronté à des aspects, des dimensions de moi-même dont je n'avais pas conscience. Et je n'étais pas en mesure de contrôler ce qui se passait en ayant recours aux pratiques spirituelles auxquelles j'avais été formé. Par exemple, je méditais pour tenter de diluer l'intensité des émotions et cela n'avait pas grand effet. Cela m'a fait remettre en question l'efficacité, la valeur même de ces pratiques. Alors je me suis dit que je devais peut-être considérer une autre manière de travailler ou d'être présent aux peurs, aux désirs qui surgissent. Et, à un certain point, il est devenu apparent qu'il n'y avait pas d'autre choix que de vivre ce qui était en train de se passer, vivre les sensations, les émotions dans lesquelles j'étais immergé. Je tentais de les fuir, de les supprimer, de les diluer, mais elles étaient là pour être vécues et aucune pratique n'était nécessaire pour ce faire. C'est comme si elles étaient là simplement pour me dire : « Vis-moi ! » Le message contenu dans ces intenses émotions, peurs, attractions, aversions, était qu'il fallait juste les vivre. Cela a débouché, je crois, sur une relation différente à mon vécu, et sur un autre type de cheminement spirituel, plus proche de traditions comme le *dzogchen** ou le *mahâmudrâ**.

Que proposez-vous aujourd'hui à ceux qui suivent votre enseignement ?

L'attention est toujours portée sur ce qui se passe ici et maintenant. Une grande partie de mes enseignements consiste à fournir un modèle pour ne pas avoir besoin de savoir, ni avoir besoin de faire quelque chose. J'offre aux gens un exemple de ne pas avoir besoin de savoir en ne proposant pas même une interprétation simple de ce qui est train de se passer.

Au début de notre entretien, je me suis senti comme coincé entre le sentiment de n'avoir besoin de rien, là, dans l'instant et le fait d'être venu pour vous interroger... Ce qui signifiait manifester un besoin de savoir, de comprendre.

D'accord. Alors, il fallait que nous fassions l'interview pour arriver à ce point où il n'y a rien que vous ayez besoin de faire. Quand les gens viennent à mes cours, la même chose se produit. Il pensent qu'ils ont besoin de comprendre ou de faire quelque chose et doucement, doucement, ce besoin se dissout. En fait, rien ne se produit et ils réalisent que rien n'a besoin de se produire. Alors ils deviennent à l'aise avec ce « rien n'arrive ». Mais attention, je sens qu'il est très facile de mal interpréter ce « rien n'arrive », ou ce « rien n'est en train de se passer » – comme il est très facile de mal interpréter le *dzogchen*. Alors je veux dire ceci : l'expérience que ce qui est en train de se passer est « rien » n'est pas une chose. Ce n'est pas que les choses se passent seulement de manière ordinaire ou quotidienne. C'est plutôt être présent à une conscience non structurée, une conscience pure qui est l'expérience que « rien ne se passe » est ce qui se passe. En même temps que nous pensons ce que nous pensons, que nous ressentons ce que nous ressentons, en même temps rien ne se produit.

À Aix en Provence, le 13 avril 2002.

Pour aller plus loin avec Peter Fenner

Bibliographie

— *Le Fil de la certitude*, Le Relié, 2002.

— *Le Courage de se libérer*, Albin Michel, 2002.

Contact

— Site Internet : http://wisdom.org

Thich Nhat Hanh

Dans la plénitude de l'instant

Au Village des Pruniers, dès qu'une cloche ou même le téléphone retentit, chacun cesse ses activités, interrompt le cours de ses pensées ou de ses paroles. Ceci pour mieux se tenir dans l'instant présent et s'éveiller, dans la « pleine conscience », à la nature profonde de ce qui est... Chaque moment est une invitation à méditer, que ce soit le moment du repas, de la marche, du travail ou encore celui de l'assise en silence.

Thich Nhat Hanh s'est installé ici au début des années 80, aux confins de la Gironde et de la Dordogne, et, depuis, la communauté a grandi, s'est éparpillée en plusieurs « hameaux » logés au creux des collines. Une centaine de moines et nonnes y vivent en permanence et des milliers de laïcs, bouddhistes ou non, y sont accueillis régulièrement au cours de retraites allant de une semaine à un mois. La pratique y est très forte, très concentrée, mais aussi très joyeuse, contrastant avec l'austérité de certains centres zen.

Thây (le maître, en vietnamien) est né en 1926 au Vietnam et a été ordonné moine à l'âge de seize ans. Son maître lui enseigne alors à quel point, comme il le dit, « *la vie quotidienne est une source intarissable de l'éveil* ». Mais survient la guerre et Thich Nhat Hanh, sensible à la souffrance qui l'entoure, ne peut supporter de rester dans son monastère. Il invente avec d'autres jeunes gens le « bouddhisme engagé », venant au secours des blessés et des réfugiés, quel que soit leur camp, et militant activement pour la paix. Ce qui l'amène à fonder l'Ordre de l'interêtre et l'École de la jeunesse pour le service social, à multiplier voyages et conférences, notamment aux États-Unis, et plus tard à organiser des missions de sauvetage pour les *boat-people*... Parallèlement, il continue d'étudier et d'écrire de nombreux ouvrages (plus de quatre-vingts à ce jour). Son ami Martin Luther King* le propose en 1967 pour le prix Nobel de la Paix. Thich Nhat Hanh devient peu à peu l'un des maîtres zen les plus influents de ce temps. Cependant, contraint à l'exil, il ne pourra jamais revenir dans son pays.

Pour celui qui, à près de quatre-vingts ans, continue inlassablement de pratiquer et d'enseigner dans de nombreux pays, dont la Chine où il se rend tous les ans, « *chaque pensée, chaque action, deviennent sacrées à la lumière de la pleine conscience. Sous cette lumière, il n'y a plus aucune frontière entre le sacré et le profane* ». Aussi le plus important demeure-t-il, aux yeux de Thich Nhat Hanh, de demeurer profondément attentif à ce qui se passe, avec le soutien de la communauté, la *sangha*. « *Ainsi,* explique-t-il, *on ne gaspille pas sa vie.* »

□

Pourquoi le fait d'appartenir à une communauté est-il si important pour vous ?

Si l'on pratique seul, on ne peut aller très loin. On risque de se perdre dans l'action – même si cette action est conçue comme une action menée au nom du *dharma**. Notre pratique a besoin d'être soutenue par celle des autres et réciproquement ; sans quoi elle devient faible. On peut aider avec des mots, bien sûr, mais la meilleure manière d'aider les autres est de vivre ensemble le quotidien, en formant une famille spirituelle : on médite ensemble, on mange ensemble, on travaille ensemble, on partage notre expérience de la pratique et notre compréhension. Ainsi chacun a plus d'énergie. Prendre refuge* dans la *sangha* n'est pas une déclaration de foi : c'est un engagement quotidien. Vous devez considérer la *sangha* comme votre propre corps ; regarder avec l'œil de la *sangha*, écouter avec l'oreille de la *sangha*. Ce qui arrive à la *sangha* vous arrive ; son bonheur est votre propre bonheur, sa souffrance votre propre souffrance. On se comporte à l'image d'un essaim d'abeilles. On obtient ainsi une intelligence collective, qui détermine toute décision collective, et on génère de la fraternité, sans laquelle il ne peut y avoir ni joie ni bonheur véritables.

Le premier but de la pratique n'est-il pas de générer ce sentiment de fraternité ?

Si on ne réalise pas cela, il sera impossible de parvenir à l'éveil, ou à une transformation profonde. Mais en même temps, la fraternité provient de l'éveil, de la vision du non-soi*. Les deux vont ensemble. Avec la présence de la *sangha*, cela devient assez facile. Une vraie *sangha* incarne le *dharma* et lorsque le *dharma* est là, le Bouddha* est là aussi. Je pense que la chose la plus forte ici, au Village des Pruniers, est la *sangha*. La *sangha* exprime la fraternité, la joie, la compréhension ; ainsi, le *dharma* devient vivant et a le pouvoir de nous transformer.

Cet éveil que vous évoquez est-il soudain ou bien passe-t-il par des étapes ?

Il y a toutes sortes d'éveils. L'éveil est vivant, organique. À l'origine, une graine de compréhension dort en vous. Un enseignement, par exemple, peut déclencher une vision profonde et aider cette graine à se manifester, à s'ouvrir. Si elle s'est ouverte une fois, elle peut s'ouvrir deux fois, trois fois... elle peut grandir. Le pratiquant est comparable à un jardinier dont le jardin est sa conscience, son esprit. Pratiquer, c'est reconnaître la présence de graines, de semences de compréhension, et savoir comment les arroser. Il faut avoir confiance dans le travail de la terre ! L'éveil qui naît de ce travail n'est ni un concept ou une notion, ni une émotion : c'est une énergie, une lumière qui vous éclaire et influence profondément votre vie quotidienne.

De quelle manière ?

Lorsque vous regardez avec la vision de l'impermanence, ou du non-soi, vous êtes libre des apparences. Vous regardez une personne – votre conjoint ou votre conjointe, vos enfants, les nuages, l'air, l'eau... – et vous savez ce que vous avez à faire ou à ne pas faire ; vous savez comment agir pour apporter immédiatement un peu de bonheur, de joie ou de stabilité. La sagesse vous guide à chaque instant de votre vie.

Que recherche-t-on en méditant ?

Le but de la méditation est de comprendre la nature véritable des choses, c'est-à-dire le vide, la non-apparence et la non-poursuite. Ce sont les trois portes de libération dans le bouddhisme. Le vide signifie qu'il n'y a pas d'entité séparée. La non-apparence : par exemple, lorsque vous regardez l'eau vous pouvez déjà voir les nuages, quand vous regardez l'eau vous pouvez déjà reconnaître la présence des nuages ; rien ne se perd, rien ne se crée. Quant à la non-poursuite, elle signifie qu'il n'est pas nécessaire de courir après quelque chose que vous avez déjà en vous.

Si tout est déjà là, alors à quoi bon pratiquer, à quoi bon suivre une voie spirituelle ?

L'enseignement du Bouddha est une invitation à toucher la nature de la réalité, ce n'est pas un endoctrinement. *(À ce moment, Thich Nhat Hanh craque une allumette et la laisse se consumer.)* Regardez cette allumette. Elle produit la flamme et la flamme permet d'allumer une lampe ou un bâton d'encens. Ce dont vous avez besoin, c'est de la flamme et non de l'allumette. L'enseignement du Bouddha n'est pas l'éveil, c'est un moyen pour y parvenir. Aussi ne cherchez pas l'allumette, cherchez la flamme. Si vous êtes attaché à l'enseignement, vous perdez tout. S'entraîner à regarder les choses en termes de vide, de non-soi, de non-apparence, ce n'est pas s'endoctriner mais utiliser les enseignements du Bouddha de manière intelligente, habile. Avec l'enseignement du Bouddha, vous pouvez produire la sagesse, ainsi vous êtes libre de l'enseignement ; l'allumette est consumée par la flamme.

Beaucoup s'imaginent qu'on vit alors des choses extraordinaires... Qu'en est-il ?

Quand vous êtes capable de toucher votre véritable nature, votre nature de vide et d'interêtre, vous êtes libre de la peur, libre de la naissance et de la mort. Quand vous regardez un ami, un disciple, un nuage, un arbre, etc., vous pouvez vous voir en eux. C'est une pratique, non une spéculation. Alors quand vous marchez, marchez de telle sorte que la solidité, la paix, la joie, soient possibles dans chaque pas. Marchez de manière à toucher à chaque pas l'existence de votre maître, de vos ancêtres génétiques et spirituels en vous. Quand vous donnez un enseignement, ne répétez pas les choses que vous avez lues dans les *sûtras** ; ouvrez le robinet de votre sagesse et de votre joie. Vous pouvez faire de même en écrivant. Pour ma part, je ne prépare jamais mes enseignements ou mes conférences. Je viens, je regarde les personnes qui sont présentes, je vois leurs souffrances et je sais, comme cela, ce que je dois offrir. Cela ne vient pas de mes études mais de ma pratique.

Ainsi, la vie spirituelle ne se distingue pas de la vie ordinaire ?

La vie quotidienne est une source intarissable de l'éveil. Manger est une chose spirituelle, respirer est une chose spirituelle, puiser de l'eau, transporter du bois... Mais vous savez cela. La manière avec laquelle vous vivez votre vie détermine le degré de votre spiritualité.

Notre vie est aussi faite de souffrance. Quelle attitude adopter vis-à-vis de celle-ci ?

Le plus important est de générer l'énergie de la pleine conscience. C'est la pratique de base, qui comporte deux aspects. Premièrement, se mettre en contact avec les choses rafraîchissantes, positives ; si vous n'êtes pas en contact avec les choses positives de la vie, vous n'aurez pas assez de force. Deuxièmement, si la douleur survient, la pleine conscience vous donne la capacité de la reconnaître et de la comprendre et puis de l'embrasser, de la calmer comme une maman le fait avec son bébé.

La foi, aussi, peut-elle nous soutenir ?

La foi ne consiste pas à accepter des notions ou des idées. La foi dans le *dharma* naît de la transformation. Si vous persévérez dans la pratique, vous générez davantage de compréhension, de compassion, de force, et votre foi grandit. La foi est l'une des cinq bases de l'énergie, avec la diligence, la pleine conscience, la concentration et la vision profonde.

Vous enseignez régulièrement aux enfants et aux adolescents, comme le font peu de maîtres. Pourquoi ?

C'est parce que les enfants ont plus que nous, les adultes, la capacité de vivre dans le moment présent. Vous m'avez entendu enseigner chaque jour aux enfants. Nous organisons aussi des retraites pour les seuls jeunes. Au lieu d'organiser une méditation de thé, nous organisons une méditation de limonade ; au lieu de faire une méditation marchée, nous faisons une longue excursion... Ainsi les jeunes peuvent regarder profondément la nature et réaliser que la Terre Pure* du Bouddha est disponible dans l'ici et le maintenant. Si on offre les semences du *dharma* aux enfants lorsqu'ils sont très jeunes, alors ils pourront en profiter plus tard et en faire profiter les autres.

Espérez-vous que ces enfants sauront plus tard apporter la paix dans le monde ?

Qu'une personne s'arrête pour vivre plus profondément un moment de sa journée, cela est le travail de la paix. Pour ma part, je ne cherche plus, je ne cours plus, je tâche simplement de vivre profondément. Comme il est écrit ici, au Village des Pruniers : « Je suis chez moi, je suis arrivé. » Ici et maintenant, je suis en contact profond avec ma nature de bouddha*. Le « royaume de Dieu » pour moi, n'est pas une idée, pas un espoir, c'est une réalité. Si vous êtes libre, si vous n'êtes plus la proie de vos afflictions, alors le royaume de Dieu est disponible dans l'ici et le maintenant. Le royaume de Dieu est libre de la naissance et de la mort, de l'être et du non-être et de toutes les notions qui sont à la racine de notre ignorance et dc notre peur. C'est le but ultime du méditant. Quand j'étais jeune, je pensais que ce but était impossible, très difficile en tout cas, à atteindre. Maintenant, je pense que tout le monde peut réaliser cela.

Au Village des Pruniers (Dordogne), le 12 juillet 2002.

Pour aller plus loin avec Thich Nhat Hanh

Bibliographie

— *La Colère*, Pocket, 2004.
— *Il n'y a ni mort ni peur*, La Table ronde, 2003.
— *Le Cœur de l'enseignement de Bouddha*, Pocket, 2003.
— *Être libre là où vous êtes*, Dangles, 2003.
— *Bouddha et Jésus sont des frères*, Pocket, 2002.
— *Transformation et guérison*, Albin Michel,1999.
— *Sur les traces de Siddhârta*, Pocket, 1998.
— Le Silence foudroyant, Albin Michel, 1997.

Contact

— Village des Pruniers – Hameau du Haut – Lepey-Thénac – 24240 Sigoulès. Tél. : 04 05 56 61 84 18.
— Village des Pruniers – Hameau Nouveau – Centre Martineau – 33580 Dieulivol. Tél. : 05 56 61 84 18.
— Site Internet : http ://www.villagedespruniers.org

Mario Mercier

Le pouvoir du cœur

Mario Mercier est avant tout un artiste, poète et peintre. Mais il nourrit ses œuvres de sa pratique du chamanisme et de son puissant contact avec la nature et les esprits qui la peuplent. Ses livres comme ses toiles sont, pour l'essentiel, la relation de ce qu'il a rencontré lors de ses voyages en esprit.

Né d'une mère juive d'origine polonaise – qu'il vénère tendrement – et d'un père français médecin et chercheur en homéopathie, qui lui a transmis la passion de soigner, Mario Mercier a, aussi loin qu'il s'en souvienne, toujours eu le don de voir au-delà des apparences. « *Enfant je pensais que tout le monde avait les mêmes dons,* souligne-t-il, *jusqu'au jour où j'ai compris que j'étais différent.* » Il grandit à Nice dans une villa entourée d'un grand jardin puis à la campagne et ses premiers amis seront les arbres et les animaux. Plus tard, il découvre dans une librairie le livre de Mircea Eliade*, *Le Chamanisme et les techniques archaïques de l'extase*. L'ouvrage agit comme un révélateur : « *Je me suis tout de suite reconnu dans ce que décrivait le grand historien des religions.* » Mario Mercier n'a plus alors qu'à développer ses facultés auprès de chamans, notamment amérindiens, qui le reconnaissent rapidement comme l'un des leurs.

Dans les stages qu'il anime, Mario Mercier, aide les autres à entrer à leur tour en relation avec le monde de l'invisible, des esprits de la nature ou des ancêtres. Pour lui, tout est vivant et appelle non seulement le respect mais aussi l'amour. Animé d'une grande générosité et d'un rare sens de l'amitié, ce poète n'hésite pas à partager ses visions, toujours stupéfiantes d'exactitude, avec ceux qui souhaitent les recevoir.

□

Qu'est le chamanisme selon vous ?

On le considère comme la première des religions. Cependant, le chamanisme n'a pas de dogme. C'est plutôt une façon de voir le monde, un état d'être. Le chaman est en rapport avec les mondes invisibles. Il imite la nature et, en l'intégrant, il se transforme. Le chamanisme valorise ce qu'il y a de plus extraordinaire dans l'être ; il tend à réaliser l'homme total. Aussi le travail à effectuer est-il infini.

Quelles sont les facultés nécessaires à la réalisation de ce travail ?

Le plus important est la *vision*, la faculté de percevoir les mondes innombrables qui nous entourent et par lesquels nous sommes traversés. Par exemple, le chaman ou l'homme-médecine (« celui qui fait du bien ») voit le corps comme à travers un cristal. Il voit les causes de certaines maladies, dues le plus souvent à un éloignement ou à une perte de l'âme ; pour soigner, il devra retrouver cette dernière lors d'un voyage chamanique et la ramener dans le corps de son patient. Cette médecine inspirée et pragmatique est propre au chaman. Le chaman, en outre, entre en rapport avec les forces magiques et spirituelles et travaille avec elles ; au besoin, il pourfend les démons, ces entités faites d'amalgames de toutes sortes. Pour cela, il doit voyager en esprit, afin d'amplifier sa conscience et écouter les voix qui lui parlent.

Les visions, les voix, peuvent caractériser aussi bien des états mystiques que des états délirants... N'est-il pas malaisé de faire la part des choses ?

Ce qui permet de voyager en esprit, c'est la transe, ou l'extase. Il n'est pas nécessaire pour cela d'utiliser des adjuvants chimiques ou même végétaux. Ce n'est pas un délire ! Les paysages spirituels sont très organisés, les différents moments du voyage parfaitement repérables. Dans certaines circonstances, plusieurs personnes peuvent entendre ou voir les mêmes choses en même temps... Pour autant, il ne suffit pas de se « brancher » ou de se mettre en « canal » comme le prétendent certains aujourd'hui. Voyager en esprit n'est pas facile. Toutes les visions et les messages que nous recevons passent par notre creuset personnel, qui peut demeurer encombré de toutes sortes de références, intellectuelles ou autres. On doit absolument en tenir compte et se tenir pour responsable de nos paroles ou de nos actes engendrés par ces messages.

Peut-on parler, dans ce cadre, de l'acquisition de pouvoirs ?

Oui, mais uniquement dans le sens de « pouvoir faire ». Dans le domaine spirituel, la recherche à tout prix – façon de parler – d'un gain ou d'un profit pervertit tout. Le chaman a le pouvoir de voir, de guérir, ou encore de créer. Il domine les esprits. Mais son travail repose sur l'amour – pas l'amour tel qu'on l'entend aujourd'hui, qui est une sorte d'indulgence commerciale, mais l'amour universel, qui est le suc du cœur.

D'ailleurs, dans les sociétés traditionnelles, la position du chaman n'était-elle pas peu enviable ?

Cela dépend des sociétés. Dans les massifs altaïques, les hommes ou les femmes désignés par les esprits ou les ancêtres chamans avaient tendance à les repousser. Ils savaient qu'ils n'auraient pas une vie facile, à l'écart du groupe. De plus, les initiations étaient redoutables : le corps du chaman, dans le monde invisible, était découpé en morceaux puis reconstitué afin d'en faire un vase capable de recevoir les forces spirituelles... Les Amérindiens, en revanche, ont toujours recherché la vision, parce qu'elle leur permettait d'être en contact avec le Grand Esprit.

Et en Occident ? Le chamanisme y est plutôt à la mode. Mais cela a-t-il vraiment un sens de le pratiquer dans le monde moderne ?

La vision dominante de l'homme moderne est celle de l'argent, de l'économie et de l'obtention de pouvoirs. Dans la mesure où elle dirige tout, cette vision est incompatible avec celle du chamanisme. Mais le monde moderne a aussi ses qualités et le chamanisme, qui s'adresse à tout homme, peut s'en adapter. À mes yeux, être chaman ne signifie pas revenir à un archaïsme total[37].

Comment se situe le chamanisme par rapport aux autres religions ?

Toutes les faces de la pyramide tendent vers le même sommet et pour moi toutes les portes sont ouvertes – je suis par exemple passionné de poésie soufie*. Cependant, toute religion qui exclut la nature et la femme me semble bancale.

Justement, quel est votre rapport à la nature ?

Quand je regarde une fleur, je peux entrer en osmose avec la fleur. C'est comme si mes atomes spirituels entraient en contact avec les atomes de la fleur... Alors j'ai une lecture, une compréhension plus profonde de la fleur. Je comprends que la nature est le miroir du divin et que l'homme aussi est nature. Se trouvant en haut de l'échelle biologique, ce dernier est structuré de la tête aux pieds de tout ce qui existe. Aussi, si je fais appel à un élément qui est en moi, par exemple si je fais appel à l'arbre, ou à la baleine, ou au loup, ou au ver dans ce qu'ils ont de positif pour moi, je peux réveiller l'énergie liée à l'arbre, à la baleine, etc., car mes cellules en ont la mémoire.

Le moment le plus favorable pour entrer en communication avec les éléments de la nature semble, pour vous, être celui de la nuit. Pourquoi ?

La nuit, on voit beaucoup mieux les choses ; le jour fait écran. Il faut avoir la connaissance de la nuit pour avoir celle du jour, connaître les ténèbres pour connaître la lumière... La nuit, dans les forêts, j'ai pu voir que le petit peuple des forêts existe, que les fées, les gnomes existent. J'ai vu, au mois de février, au moment de la montée de la sève, des buissons danser sans qu'il y ait le moindre souffle de vent et dont les feuilles s'éclairaient alors qu'il n'y avait pas de lune. Et bien d'autres choses extraordinaires encore. Mais qui va dans les forêts à trois heures du matin ?

Les « objets inanimés », les plantes, les animaux, etc., auraient-ils une « âme » ?

Pour les Amérindiens comme pour les peuples de Sibérie, un arbre, par exemple, est une « personne », il est doté d'une sensibilité. L'animal est moins évolué que l'homme à de nombreux égards, mais il est quelquefois plus évolué sur le plan de l'invisible, ce plan que l'on appelle « astral » ; il a des sensations que nous ne connaissons pas. C'est pour cela que dans le chamanisme il existe tout un travail d'approche sur *l'animal de pouvoir*. La prétention actuelle de l'homme est de croire que l'intelligence, l'esprit, n'appartiennent qu'à lui seul. Or l'esprit c'est également la terre, les étoiles, les plantes... À mes yeux, la terre est un être vivant, un être qui conçoit, qui crée et qui est en évolution. L'esprit est partout dans l'univers.

Quelles conséquences cela a-t-il d'être coupé, comme nous le sommes pour la plupart, de la nature ?

Dans le film *Little Big Man*, à un moment l'Indien dit : « Pour les Blancs tout est mort et eux-mêmes pensent qu'ils sont morts. » Même pour les écologistes, la nature n'est qu'un « mobilier » à préserver. Vivre ainsi, c'est ne plus vivre que sur un plan biologique. Sur le plan individuel, une telle coupure est source d'angoisse, de déséquilibre. Sur le plan collectif, pas besoin d'insister : nous sommes en train de détruire la planète.

Et Dieu ? Y a-t-il une conscience de Dieu dans le chamanisme ? Qu'en est-il pour vous ?

J'ai connu un Indien qui disait : « Je me sens tellement petit que pour m'adresser au Grand Esprit, je parle à travers une pierre pour l'atteindre. » Trop souvent, hélas, quand on parle de Dieu, on ne fait qu'employer un mot. Avoir la conscience de Dieu, cela voudrait dire être capable d'embrasser la totalité de l'univers, de l'au-delà de l'univers et simultanément de tout ce qui les composent, en un millième de millième de fraction de seconde... Mais on ne peut pas, on n'a pas l'équipement sensoriel pour cela. Il faudrait être un visionnaire extraordinaire pour seulement approcher l'idée de Dieu ! Alors, ce qui me paraît important, c'est de retrouver et de réaliser son dieu intérieur, c'est-à-dire cette force énergétique qui est en soi et déjà au-delà de soi – tout comme le cristal se tient très près de l'invisible. Selon notre niveau de conscience, on adoptera des moyens d'approche différents. Par exemple, si on a de l'amour, ce qu'on appelle « Dieu » prendra la forme de notre amour.

Pourrait-on dire que Dieu est la conscience de l'univers ?

Du point de vue matérialiste, tout est régi par le hasard. Mais pour moi c'est un point de vue absurde, qui consiste à croire que c'est la lampe qui fait la lumière, ou à croire que s'il n'y a plus d'images dans le poste de télévision c'est parce que les studios ont disparu, alors que c'est le récepteur qui est en panne. La science est un moyen, pas une finalité. Nous sommes devenus très théoriciens, très mentaux. Mais la base de la véritable connaissance n'est pas le mental, c'est le *sentir*. Si on observe profondément la nature, si on se laisse sentir ce qu'elle est, on voit qu'il y a une loi qui veille sur tout. On voit que Dieu est architecte et que tout est parfaitement pensé.

Dans cette conception, quelle liberté reste-t-il à l'homme ?

Il faut pouvoir orchestrer la condition humaine avec la condition cosmique, et cela demeure difficile. Il y a le monde de la pensée et de la création et puis le monde matériel, qu'il faut bien assumer, comme on dit. Pour ma part, je dis que quand on est « magique », le quotidien n'est plus quotidien. Tout acte devient initiatique quand on l'effectue en conscience. Même laver la vaisselle ! Quand on ressent à quel point toute vie, toute chose, attend d'être contactée, alors on acquiert une liberté d'être extraordinaire.

Cette orchestration passe-t-elle par l'amour, par le cœur ?

Le cœur régule, stabilise en nous les énergies qui montent de la terre et celles qui descendent du ciel. C'est le soleil de l'être. Il a le pouvoir de l'intelligence intuitive, qui entre en résonance avec toute chose. C'est pour cela que le langage du cœur est un langage universel, qui peut être compris par tous, aussi bien par l'intellectuel que par l'analphabète. C'est le langage de l'univers.

À Nice, le 19 août 2002.

Pour aller plus loin avec Mario Mercier

Bibliographie

— *Les Voix de la mer*, Blanc Silex, 2004.
— *Journal d'un chaman*, Blanc Silex, 2003.
— *Chants chamaniques*, Atlantis, 2001.
— *Manifeste du nouveau chamanisme*, Atlantis, 2001.
— *L'Enseignement de l'arbre maître*, Pocket, 1997.
— *Les Grandes Paroles de la Terre*, Belles Lettres, 1997.
— *Le Livre de l'ange*, J'ai lu, 1995.
— *Chamanisme et chamans*, Dangles, 1987.

Contact

— 15, avenue Desambrois – 06000 Nice.

Lee Lozowick

Servir le divin

Lee Lozowick, qui se réclame de la tradition baul*, a toujours eu une vocation d'enseignant, fonction dans laquelle il excelle. Ses propos comme ses écrits sont saisissants et pleins d'humour ; ils sont aussi souvent dérangeants – pour notre ego, naturellement. Il est également musicien, leader du groupe de blues *Shri* avec lequel il effectue chaque année des tournées aux États-Unis et en Europe. Tout ceci pourrait faire de lui un guide renommé et entouré. Cependant, Mister Lee, comme le surnomme son entourage, préfère avoir peu de disciples, afin de pouvoir mieux se consacrer à chacun d'eux.

Né en 1943 à New York, cet Américain enseigne d'abord avec succès le *Silva Mind Control*, une méthode de développement personnel. Mais en 1975, au terme d'une intense nuit de prière, il atteint ce que les Orientaux appellent l'éveil. Un an plus tard, il rencontre celui qui allait devenir son maître, l'Indien Yogi Ramsuratkumar*. « *J'ai cependant compris que son influence divine m'avait guidé dans cette existence,* note Lee Lozowick, *bien des années avant mon premier voyage en Inde.* »

La relation avec ce maître, qui le reconnaît pleinement en 1979, se tient désormais au centre de sa vie. Lee Lozowick insiste beaucoup sur ce point : sans maître authentique, aucun travail spirituel n'est possible. Un travail qu'il définit comme une « soumission » de tout instant, intégrant chaque aspect de la vie quotidienne, ordinaire, au Divin. Pour Mister Lee, nous savons tous, instinctivement, quand nous sommes reliés à Dieu – ou, en d'autres termes, quand l'ego s'efface. Pourtant, peu d'entre nous acceptons d'en tirer les conséquences pratiques. Aussi le rôle du maître consiste-t-il à traquer sans relâche les manifestations de l'ego, en même temps qu'à créer les conditions favorables à l'émergence d'une conscience non duelle.

□

Quel est le but du travail spirituel ?

C'est de fonder une vie dans laquelle nous entretenons de bien meilleures relations avec les autres, où toute trace d'agressivité a disparu, où nous faisons preuve de bon sens et de créativité... Je ne veux plus utiliser aujourd'hui des mots tels que « réalisation » ou « éveil », car l'illumination parfaite est quelque chose de très difficile à atteindre et de très rare.

Vous parlez néanmoins de « servir le divin » ou de « servir la volonté de Dieu ». Qu'est-ce que cela signifie pour vous ?

Dans la vision que j'en ai, l'univers est intelligent. Il a une intentionnalité très précise. Quand je parle de « la volonté de Dieu », je parle de cette intelligence de l'univers. En tant qu'être humain, nous ne pouvons pas vraiment comprendre le mouvement de l'énergie de l'univers ou le processus qui l'anime, car il est beaucoup plus vaste que nous ; nous ne pourrons jamais le décrire avec des mots. Mais nous pouvons entrer en résonance avec ce processus à un niveau préverbal. Choisir de s'harmoniser avec ce processus, de façon à ne pas le perturber et à le servir activement, c'est servir la volonté divine.

Comment faire ?

On en revient à la première question. De quelle manière nous comportons-nous avec les autres ? Sommes-nous capables de les accepter tels qu'ils sont ? Comprenons-nous que les êtres humains, quels que soient leurs différences, leur âge, leur religion, leur culture, ressentent tous exactement les mêmes choses de la même façon ? Si nous n'avons pas des qualités telles que la douceur, le respect, ou la compassion, nous n'avons même pas commencé à nous rapprocher du service de l'univers. Si nous n'avons pas ce que Swâmi Prajñânpad* appelait la « dignité intrinsèque » ou « la noblesse intrinsèque », nous n'avons rien.

Il arrive que nous nous trouvions en harmonie avec l'univers ou en unité avec l'autre, mais pour la plupart d'entre nous ce sont des instants fugitifs, qui ne durent pas. Quel travail, quelle pratique pouvons-nous faire pour nous installer plus durablement dans cette harmonie, dans cette unité ?

Je recommande à mes élèves un certain nombre de pratiques de base : la méditation quotidienne, l'exercice physique, l'étude de textes spirituels (et aussi de la littérature de tous les pays) et un régime végétarien simple. Je peux proposer également d'autres pratiques comme la récitation de *mantras**, des exercices énergétiques ou encore l'investigation intérieure... Toutes ces pratiques sont utiles, mais elles ne conduisent en aucun cas à la compréhension directe, absolue, de ce qu'est le service de Dieu. On ne peut comprendre ce que Gurdjieff* appelait « le Travail » de façon linéaire ou unidimensionnelle. On ne peut pas non plus le transmettre ou le communiquer directement, car il n'y a pas de méthode qui puisse y conduire comme d'un point A droit à un point B. On peut juste construire un milieu, un environnement dans lequel la réalisation, à force de ténacité, sera possible. Autrement dit, la réponse à votre question ne peut venir qu'après de nombreuses années de travail, années qui auront permis qu'à un moment toutes les choses s'ouvrent et que la réalisation se produise à l'intérieur, au lieu d'être simplement transmise verbalement, depuis l'extérieur.

Si je comprends bien, nous pouvons travailler à créer un contexte dans lequel la réalisation sera possible, mais la réalisation n'est pas la conséquence de ce travail.

C'est juste. Un grand maître indien que je ne nommerai pas avait la capacité de manipuler la conscience de ses élèves pour les amener à la réalisation... Ensuite, il leur disait qu'ils étaient illuminés et il les envoyait enseigner aux autres ! Mais ce genre d'ascension rapide et verticale se fait automatiquement récupérer par l'ego si ne préexiste pas à l'intérieur de la personne une matrice capable d'abord de supporter, puis de maintenir et de faire s'épanouir un changement aussi radical.

Quel est le rôle du maître dans le travail ?

Le maître est comme un architecte, ou un ingénieur. Il ne peut faire en sorte que l'élève atteigne la réalisation, mais il peut créer des circonstances favorables et ensuite guider, inspirer l'élève. Par ailleurs, il sait quand l'élève est en train de progresser et quand il est en train de stagner. Il sait si l'élève a fait une percée significative ou s'il se berce encore d'illusions. Il le sait toujours et il est le seul à pouvoir le savoir vraiment. Ce qui signifie que cette source d'aide n'est pas seulement précieuse, elle est absolument nécessaire – à condition bien sûr que l'élève désire sincèrement progresser.

Cela implique-t-il de laisser au maître un grand pouvoir sur nous-mêmes ?

Si quelqu'un demeure attaché au pouvoir, s'il désire obtenir de la reconnaissance, il ne sera pas intéressé par le fait d'avoir un maître. Beaucoup de gens, parvenus à un certain stade, quittent leur maître et commencent à enseigner de leur propre chef. C'est parce qu'ils ne sont pas sérieux par rapport au chemin. Ils sont sérieux par rapport à *leur* chemin, mais pas par rapport *au* chemin. Comme le dit Arnaud Desjardins, *mon* monde n'est pas *le* monde. Et *mon* monde, c'est le monde de l'ego, ce n'est rien d'autre. Alors, pour progresser, il faut laisser le maître avoir de l'autorité sur soi. Dans de nombreuses traditions, une fois que vous avez trouvé un maître digne de confiance, vous ne pouvez absolument plus le remettre en question (et c'est pour cette raison que les gens ont peur des sectes). Mais un tel maître est rare – et les disciples capables de le suivre aussi !

Considérez-vous malgré tout que c'est une bonne chose de suivre pendant quelque temps un instructeur qui n'est pas éveillé ?

Bien sûr, cela peut être utile, dans la mesure où vous savez ce qu'est un maître et que vous ne prenez pas quelqu'un pour ce qu'il n'est pas.

Comment faire pour trouver « son » maître ?

J'hésite un peu à le dire car il est très facile de comprendre cette notion de travers, mais la seule réponse possible est : par le *karma**. Nous ne trouvons pas notre maître par hasard ou par accident.

Notre *karma* peut aussi nous mener n'importe où...

Telle que je comprends cette question, je répondrai que non, le *karma* ne peut pas nous mener n'importe où... Parce que c'est une science absolue. Nous ne pouvons que recevoir les résultats de nos actions précédentes. Mais cela pourrait être effectivement le *karma* de quelqu'un, dans une vie ou dans une autre, de rencontrer un maître qui n'est pas un vrai maître. Notre voyage ne suit pas toujours une ligne droite et directe, il peut parfois emprunter de nombreux détours. Le même principe se retrouve dans la vie de tous les jours... Mais encore une fois, je préférerais qu'on utilise ce terme de *karma* de façon très prudente, parce qu'il peut servir de justification à tout un tas d'abus.

Lorsqu'on a suivi un enseignement pendant plusieurs années et que l'on ressent un appel à aller vers un autre maître – même si l'on ne sait pas lequel – comment savoir si c'est une manifestation de l'ego ou bien si c'est un véritable appel ? Comment faire cette distinction ?

Il faut parfois savoir prendre des risques. Il n'est cependant pas nécessaire d'être impulsif : on peut s'en aller progressivement. Souvent on ne peut pas savoir dans le moment, on ne peut savoir qu'après. Le plus important est de s'observer soi-même. Si l'on est capable de s'observer soi-même, on peut savoir d'où vient une décision, si elle vient de nos émotions ou de notre mental, ou bien d'un endroit de soi beaucoup plus profond. Par exemple, on peut avoir envie de quitter un maître parce qu'on en a assez de travailler, parce qu'il exige de nous des choses que nous ne voulons pas faire – mais ce risque demeure minime car aujourd'hui beaucoup d'instructeurs, bien que se disant éveillés, n'exigent rien de leurs élèves ! Il est possible aussi que l'on commence à s'ennuyer, à se dire qu'il ne se passe rien dans notre vie, et que l'on blâme alors le maître au lieu de se regarder soi-même. Soyons clairs : s'il ne se passe rien dans notre vie, c'est le plus souvent parce que nous ne sommes pas ici et maintenant, que nous n'acceptons pas ce qui est ; soit nous restons coincés dans le passé, soit nous sommes en train d'attendre des choses bien précises du futur... Mais si nous sommes disposés à être vraiment honnêtes par rapport à nous-mêmes, sans compromis, alors nous saurons faire la différence entre un mouvement de fuite et un mouvement qui devient nécessaire dans notre vie.

Vous insistez aussi sur le rôle de la communauté, de la *sangha*. Quel est son rôle et en quoi est-ce important de faire partie d'une communauté ?

Tout d'abord, la communauté offre un milieu où nous pouvons nous nourrir et trouver du soutien. Ensuite, elle est le lieu d'une certaine alchimie. Nulle transformation n'est possible sans énergie. Dans la vie ordinaire comme au sein d'une communauté, les gens se frottent constamment aux autres, ce qui crée de la chaleur. Mais contrairement aux groupes que nous formons dans la vie ordinaire, la *sangha* est un organisme unifié, ou qui vise à le devenir. C'est une différence essentielle.

Quelles qualités, quelles aptitudes, demandez-vous à un disciple ?

Je veux d'abord que le disciple soit capable d'être honnête par rapport à lui-même. Et qu'ensuite il accepte de jouer le jeu que je joue, quel que soit ce jeu. Pour utiliser le langage d'Arnaud Desjardins, j'attends d'un élève qu'il soit capable de dire oui, oui absolument. Quand on a pu dire oui absolument, on peut dire oui ou non à un niveau relatif. Et il est nécessaire que quelqu'un puisse dire non au maître dans certaines situations. Si le transfert qu'une personne fait sur les figures d'autorité est tel qu'il se met à trembler quand il se trouve dans la présence du maître, ce n'est pas un bon signe ! Je désire également qu'un élève soit capable d'agir de telle manière que ses actions bénéficient non seulement à lui-même mais aussi à la *sangha* et au maître. Se nourrir, dormir, avoir des relations sexuelles sont des choses importantes, mais elles doivent demeurer moins importantes que de progresser sur la voie.

S'abandonner à la volonté de Dieu, d'accord. Mais comment la connaître, comment être sûr qu'il s'agit bien de la volonté de Dieu ?

Là encore, nous ne le savons pas nécessairement sur le moment. Mais l'autre le sait. Notre femme, nos enfants le savent. Le maître surtout, qui est l'autre ultime, le sait. Si nous sommes sensibles aux renvois que nous donne continuellement la vie – ceux qui viennent du cœur et non de la personnalité – nous saurons si nous nous trouvons dans la bonne direction ou si nous sommes en train de nous tromper. Si en revanche nous n'acceptons aucun retour sur nous-mêmes, nous aurons peu de chances de répondre à cette question.

Qu'est-ce que l'amour selon vous ?

Mon travail en tant que maître consiste plus à être l'objet de l'attention de mes élèves que d'être la source d'où vient l'attention qui sera portée sur eux. En un sens, le maître, le *guru**, est la connexion entre le divin et le monde. Le divin vient à travers le maître et il arrive à l'élève un flot de bénédictions ; en retour est envoyé au divin à travers le maître l'amour et l'attention de l'élève. Le maître est neutre en cela qu'il n'est que le canal à travers lequel les choses vont et viennent. À un niveau plus théorique, je dirais que Dieu ne survit que grâce à l'attention qui est portée sur lui... À des degrés divers, nous ressentons tous ce qu'est l'amour, mais ce mot ne rend pas compte à lui seul de la complexité des relations humaines. Pour ma part, si je devais trouver un synonyme au mot « amour », je parlerais d'« obligation » : obligation envers le divin, envers la vie, ou envers la réalité. En tant qu'être humain, nous sommes un vaste réservoir de potentialités. Réaliser ces potentialités, s'engager réellement, est pour moi une obligation. Les moments où nous sommes le plus heureux ne sont pas ceux où nous sommes préoccupés par notre petite survie, mais ceux où nous sommes occupés à servir l'autre.

Quand nous sommes mus par le sentiment d'obligation, nous savons où nous allons, nous sommes sûrs de nous trouver dans la bonne direction. C'est comme lorsque nous sommes conduits par l'amour. L'amour ne connaît pas de « deuxième », pas d'options, pas d'alternative : quand on aime, il n'y a qu'une seule chose à faire.

Au domaine de Chardenoux (Ain), le 26 août 2002.

Pour aller plus loin avec Lee Lozowick

Bibliographie

— *La Seule Grâce est d'aimer Dieu*, Altess, 2004.
— *Le Courage d'éduquer*, Pocket, 2003.
— *Éloge de la folle sagesse*, Le Relié, 2003.
— *L'Alchimie de l'amour et de la sexualité*, Le Relié, 2003.
— *Le Réel tel quel*, Altess, 2000.
— *L'Alchimie du réel*, Le Relié, 2000.
— *N'essayez pas, vivez*, La Table Ronde, 1999.

Contact

— (Ashram en France) La Ferme de Jutreau – 86260 Saint-Pierre-de-Maillé.

Enzo Bianchi

Écouter Dieu

Le 8 décembre 1965, se clôt le concile de Vatican II*. Le même jour, un étudiant de vingt-deux ans choisit de demeurer seul, dans la montagne turinoise, près d'une église romane en ruine, pour « *vivre radicalement l'Évangile* ». Trois ans plus tard, trois frères, dont un théologien protestant, et une sœur le rejoignent ; la communauté monastique de Bose est née. Enzo Bianchi n'en est pas encore le prieur officiel (la charge ne sera formalisée qu'en 1973 avec la rédaction de la règle) mais déjà le directeur spirituel incontesté.

Aujourd'hui, le monastère regroupe près de quatre-vingts hommes et femmes, de différentes confessions chrétiennes. Leur « vie simple, tendant à l'essentiel » est faite « de prière et de travail », comme le voulait saint Benoît*. Tous ont fait vœu de célibat et de vie commune pour demeurer dans la pauvreté et l'obéissance. En trente-cinq ans, Bose est devenu un haut-lieu de la spiritualité chrétienne et du dialogue œcuménique.

Frère Enzo, profondément enraciné dans la grande tradition catholique, se soucie peu des « *formules stéréotypées de la foi* ». Pour lui, Jésus nous enseigne avant tout comment vivre, dans la bonté, la beauté et la joie. La vie spirituelle consiste à *écouter Dieu*, dans la prière et la *lectio divina**, afin de connaître sa volonté pour nous-mêmes. C'est dans cette écoute que le royaume des cieux peut s'édifier sur terre, ici et maintenant ;

que l'amour et non la mort – cette « grande énigme » – aura le dernier mot.

Le rayonnement du prieur de Bose s'étend bien au-delà des murs de sa communauté. Invité un peu partout en Italie et en Europe à diriger des retraites spirituelles ou à s'exprimer dans les médias, il a aussi écrit de nombreux livres. Pour beaucoup, il est l'égal de ces pères spirituels, de ces maîtres que le christianisme a connus dans ses premiers temps et devenus si rares.

□

Y a-t-il encore une vie spirituelle au sein de l'Église catholique ?

Le christianisme d'aujourd'hui se réduit trop souvent à une morale. Certains, au nom de cette morale, préconisent un christianisme volontaire, engagé dans l'action ; d'autres ne cherchent qu'à conserver l'héritage du passé. Dans ces conditions, il reste peu d'espace pour la vie intérieure. Il y a cependant un renouveau chrétien, où la parole de Dieu est mise au centre de la vie de la communauté ; là existe une vraie vie spirituelle, nourrie de prière et de méditation, nourrie de contemplation et de recherche de Dieu.

Comment définiriez-vous le but de la spiritualité ?

Le seul but de la spiritualité chrétienne ou de la vie dans l'Esprit (pour moi c'est la même chose), c'est la recherche de l'amour. Une telle recherche implique de mener une vie de discipline mais aussi une vie de communion avec Dieu, afin qu'il puisse nous faire le don de cet amour.

Il n'est cependant pas nécessaire d'être chrétien pour connaître l'amour...

Tout homme porte en lui l'image de Dieu. Tout homme, même s'il ne connaît pas Dieu, même s'il ne professe pas son existence, est capable de Dieu et donc capable du bien. Cependant, si comme le disaient les Pères de l'Église l'image de Dieu n'est jamais perdue en nous, la *ressemblance*[38] avec lui peut l'être. Aussi, chrétiens ou non, nous faut-il mener un grand travail spirituel pour devenir véritablement aptes à regarder l'autre avec amour et à faire acte de charité.

Ne peut-on dire aussi, pour reprendre des termes que vous avez utilisés dans vos livres, que la vie spirituelle consiste à « vivre radicalement l'Évangile » ?

Mieux encore, on peut dire que c'est vivre la même vie que Jésus. Jésus est venu parmi nous non seulement pour nous sauver, pour nous donner une voie de rédemption, mais aussi pour nous enseigner comment vivre : comment mener une vie belle, bonne et bienheureuse ; une vie qui soit un chef d'œuvre. Connaître l'amour, vivre comme Jésus, entrer en communion avec Dieu et avec les hommes... ce ne sont là que des manières différentes de décrire une seule et même réalité.

Qu'est-ce qui caractérise, pour vous, la vie de Jésus ?

La tradition chrétienne a surtout insisté sur la bonté de la vie de Jésus, mais elle en a négligé la beauté et la joie. Jésus était entouré d'une communauté d'hommes et de femmes qui lui ont donné la possibilité d'aimer et d'être aimé. Il était pauvre – ce qui conduit à partager – mais pas dans la misère. Il avait le temps ; le temps de contempler les couleurs du ciel et les fleurs des champs, les arbres... C'est pourquoi ses paraboles sont pleines d'intelligence créative et de poésie.

Mais à la fin, tout de même, il y a eu la croix !

Ce n'est pas la croix qui a donné la gloire à Jésus, c'est lui qui lui a donné gloire. En tout cas, la croix est le signe qu'il avait trouvé une vie pleine de sens. Ayant une raison de vivre, Jésus avait une raison de mourir, de donner sa vie pour les autres. Ce n'était pas le cas de Pilate*, qui était un puissant de ce monde mais qui ne connaissait pas la vérité. Il est très important que nous sachions discerner cela. Une vraie spiritualité aujourd'hui demande que l'homme n'oublie pas sa condition humaine, mais qu'au contraire il fasse de sa vie, je le répète, un chef d'œuvre non seulement de bonté, mais aussi de beauté et de béatitude.

La prière tient une place centrale dans le christianisme. Qu'est-ce que la prière ? Est-ce un dialogue avec Dieu ?

On a toujours dit dans le christianisme que la prière est un dialogue avec Dieu, et le plus souvent que c'est parler à Dieu pour lui demander quelque chose. Ce point de vue traditionnel doit être précisé. Avant de parler, nous devons d'abord apprendre à écouter. Dans l'Ancien Testament, le premier commandement donné à Israël est : « Écoute... ![39] » On sait aujourd'hui que le premier sens que l'enfant exerce, dans sa vie intra-utérine, est l'écoute. Jean affirme dans son Évangile, en pensant au Christ : « Au commencement était la Parole et la Parole était avec Dieu, la Parole était Dieu. » En le paraphrasant, on pourrait dire : « Au commencement de l'homme, il y a l'écoute »... Nous commençons à être en écoutant. Aussi, pour moi, prier c'est avant tout écouter. Mais c'est un art difficile. Beaucoup de chrétiens se plaignent que Dieu demeure silencieux, mais ce n'est pas vrai : ce sont eux qui ne savent pas écouter. En réalité, nous n'avons pas besoin de parler beaucoup à Dieu, car il nous connaît ; il sait ce dont nous avons besoin. Inutile de le fatiguer, comme disait Lucrèce[40], avec nos bavardages[41]. Quand nous écoutons vraiment Dieu, il n'y a plus grand-chose à dire, sinon peut-être : « Seigneur, je t'aime. » Si nous comprenons cela, si nous nous exerçons à écouter ce que Dieu nous dit, à ce moment-là nous devenons capables d'écouter l'autre, la nature, l'histoire, les événements de notre vie... En écoutant ainsi, nous sommes façonnés à l'image du Christ. Nous en venons à ressentir, à penser et à agir comme le Christ. Alors nous avons une vraie vie spirituelle.

Comment faire alors pour nous exercer à cette écoute ?

Il nous faut d'abord trouver du temps. Aujourd'hui, tout le monde dit : « Je n'ai pas le temps. » Mais dire cela, c'est faire du temps une idole. Nous ne devons pas être aliénés au temps mais au contraire le maîtriser, l'ordonner. Offrir du temps à Dieu, c'est offrir notre vie – et nous n'avons rien d'autre à lui offrir. Il faut avoir le courage de trouver du temps dans notre journée pour la prière. Ensuite, il nous faut avoir le courage de la solitude, ou du « désert », qui a tant d'importance dans la spiritualité chrétienne. Dans le désert, ce lieu vide de toute présence, nous pouvons prêter attention à celle de Dieu.

Il nous faut encore faire silence. À l'extérieur de nous d'abord : comment entendre la voix de Dieu si nous regardons la télévision pendant trois heures, cela même si nous prions une heure par jour ? Il nous faut vraiment faire œuvre de discernement pour savoir à quel type de messages nous donnons la priorité. À l'intérieur de nous ensuite : nous sommes habités par des démons qui font beaucoup de bruit – ils ne font d'ailleurs pas grand-chose d'autre – et nous avons à lutter contre eux.

Parvenus à ce stade, nous pouvons réellement nous exercer à écouter la voix de Dieu, une voix faible dans le silence, une voix subtile, qui n'est pas sonore, qui n'a pas la qualité des voix humaines ou des autres voix que nous connaissons. Cette voix qui émerge au profond de nous, comme une vérité, nous parvient certes par la grâce de Dieu mais aussi par notre capacité à écouter. Si nous nous appliquons à cet exercice avec persévérance, il devient comme une sorte de respiration. Peu à peu, Dieu devient présent en nous et avec nous, et nous donne continuellement des signes. Ce n'est pas que nous priions toujours, mais nous nous souvenons toujours de Dieu et nous faisons l'expérience de sa présence.

J'ai le sentiment que les églises chrétiennes n'enseignent plus guère aujourd'hui cet art de la prière, du silence, de la présence attentive à ce qui est...

Hélas, je partage votre sentiment. Pour apprendre à prier, à méditer, à écouter la parole de Dieu, un chrétien doit aujourd'hui se rendre dans un monastère ou dans de haut-lieux comme Bose ou Taizé[42] – alors que ce n'est pas notre mandat. Ou encore se tourner, comme tant de jeunes le font de manière tout à fait authentique, vers les traditions orientales, qui ont conservé une vraie capacité de transmission. Je le dis avec regret : dans les églises, on enseigne des formules traditionnelles, des méthodes de prière, qui ne conviennent plus à l'homme d'aujourd'hui. Ce dernier ne va plus s'adresser à Dieu, comme autrefois, pour lui demander de le prémunir contre la grêle ou la maladie ! Du coup, il se détourne de la prière.

On peut connaître la volonté de Dieu pour tous les êtres humains à travers l'Écriture. Dieu a-t-il cependant, selon vous, une « volonté pour moi-même », comme l'affirmait Ignace de Loyola* ? Surtout, comment puis-je avoir le discernement pour connaître cette volonté, sans risque de m'égarer ?

Dieu parle à chacun de nous individuellement, il nous demande une écoute précise, personnelle. Mais il est aussi vrai qu'il nous faut du discernement pour entendre son appel et ne pas nous laisser aller à des fantaisies qui relèvent de l'ego. Ce discernement, nous pouvons le trouver auprès du père spirituel[43] d'une part, de la communauté d'autre part. Le père spirituel n'est pas un homme qui légifère sur nous, ni qui prétend mieux comprendre la volonté de Dieu pour nous-mêmes que nous, mais quelqu'un qui nous aide à chercher cette volonté, en s'appuyant sur son expérience. Quant à la communauté, elle est le lieu où chaque chrétien doit confronter sa vocation, ses dons, ou ses charismes. On ne peut se sauver qu'ensemble et non individuellement, de la même manière que l'on ne peut trouver la volonté de Dieu qu'ensemble.

Ces deux institutions sont essentielles à mes yeux ; elles sont malheureusement en crise. Les communautés sont faibles, elles ne sont plus, bien souvent, des lieux de communion. Les pères spirituels, surtout, sont devenus rares. C'est un grave problème, car aucune voie ne peut subsister durablement sans communauté ni accompagnement spirituel.

Savez-vous qu'on dit la même chose dans le bouddhisme !?

Oui. J'ai été passionné par le bouddhisme lorsque j'étais jeune ; plus tard j'ai séjourné dans des monastères en Asie et je continue à lire des textes émanant de cette tradition. Sans faire de concordisme, je constate que le christianisme et le bouddhisme ont une conception très semblable de la spiritualité monastique. En tout cas, les moines bouddhistes, même s'ils ne parlent pas de Dieu (sans pour autant exclure son existence), mènent une lutte excellente contre l'idolâtrie. J'attends beaucoup de la rencontre entre bouddhistes et chrétiens. Je me demande quelle parole nouvelle pour les hommes va en sortir !

La vie de Jésus peut-elle constituer un enseignement pour quelqu'un qui ne croirait pas en Dieu ?

Je vais peut-être vous scandaliser, mais pour moi, c'est le Christ qui est déterminant et non pas Dieu. On fait erreur en demandant de croire d'abord en Dieu. Il faut faire le chemin inverse : connaître vraiment Jésus en tant qu'homme et seulement alors nous interroger sur Dieu et sur la divinité de Jésus, comme l'ont fait les hommes et les femmes qui ont partagé son existence. Les chrétiens, s'ils se veulent vraiment chrétiens, doivent cesser de faire des projections sur Dieu et avoir le courage d'admettre qu'ils ne connaissent de Dieu que ce qu'en a dit et montré Jésus[44].

Pourquoi alors les formules de la foi, les dogmes, semblent-ils avoir tant d'importance dans l'Église et en particulier dans le catéchisme qu'on enseigne aux enfants ?

Les formules de la foi, les croyances, ont pour moi une importance secondaire. En insistant sur les dogmes, on risque de vider le christianisme de sa force. Ce qu'il faut enseigner dans le catéchisme, c'est avant tout la vie de Jésus. Sinon, les nouvelles générations ne comprendront plus rien au christianisme.

Quel est pour vous, en conclusion, l'essentiel de la foi chrétienne ?

En lisant l'Évangile, nous pouvons voir que la résurrection est la réponse que Dieu a apportée à Jésus pour sa vie pleine d'amour et d'obéissance. Il a vaincu en lui la mort. La mort n'a pas eu le dernier mot et nous sommes nous aussi appelés à la vie éternelle : voilà ce qu'est l'essentiel de la foi chrétienne. La mort est une grande énigme. Elle est ce qui en nous blesse la vie. La mort travaille toujours contre l'amour ; à l'inverse, là où il y a communion, il y a la vie.

À Magnano (Piémont, Italie) le 1er novembre 2002.

Pour aller plus loin avec Enzo Bianchi

Bibliographie

— *Le Monde sauvé : commentaire de l'Apocalypse de Jean*, Lethellieux, 2004.
— *Donner sens au temps : les grandes fêtes chrétiennes*, Bayard, 2004.
— *Le Dieu de mes grandes amitiés*, Parole et Silence, 2002.
— *Les Mots de la vie intérieure*, Cerf, 2001.
— *Les Paradoxes de la Croix* (entretiens avec Gabriella Caramore) Mediaspaul, 2001.
— *La Saveur oubliée de l'Évangile*, Presses de la Renaissance, 2000.
— *Si tu savais le don de Dieu : la vie religieuse de l'Église*, Lessius, 2001.

Contact

— Communauté monastique de Bose – 13887 Magnano (BI) – Italie.
— Tél. : 00 39 015 679 185.
— Site Internet : http://www.monasterodibose.it

ÉPILOGUE

Maître, où demeures-tu ?

« MAÎTRE, OÙ DEMEURES-TU ? » est la première parole adressée par les disciples, dans l'Évangile de Jean, à Jésus. Ils le suivent... Il se retourne et leur demande : « Que cherchez-vous ? » C'est alors qu'ils lui ont fait cette réponse en forme de questionnement. Ils n'ont pas répondu : « Je cherche l'éveil », ou : « Je cherche Dieu », ou encore : « Le Messie », ni même : « Qui es-tu ? »... Non : ils le suivent d'abord – ils ont entendu parler de lui par Jean le Baptiste dont ils étaient alors disciples – et ils lui posent cette question à la fois si simple et si profonde. « Et il leur a dit : “Venez et voyez”, poursuit le texte de Jean. Ils sont donc venus et ils ont vu où il demeurait, et auprès de lui ils sont demeurés ce jour-là. L'heure ? C'était environ la dixième. »

Voici, en quelques mots, décrite la rencontre entre le maître et le disciple. Toutes les questions que j'ai pu poser au fil de ce livre se ramènent à celle-ci : Où demeures-tu ? En quel lieu te tiens-tu ? Et l'aspiration, l'espérance du disciple ne peut être que de demeurer auprès du maître, dans le même espace intérieur que lui.

Mais pour que cette espérance s'accomplisse, pour que nous puissions *voir* vraiment, il faut que l'heure, le moment soit venu. Il faut encore, au préalable, que nous ayons décidé de suivre le maître et de tout quitter pour cela – nos pseudocertitudes, nos habitudes. Il est nécessaire que nous puissions entendre cette question : « Que cherches-tu ? »

Heureux celui ou celle qui, de tout son être, n'aspire plus qu'à voir où il demeure et qui pourra, ce jour-là, demeurer auprès de lui.

Dans les Évangiles, avoir la foi n'est pas croire quelque chose qu'on ne pourrait vérifier par soi-même, ce n'est pas adhérer à quelque dogme, c'est au contraire être certain de la vérité parce qu'on a *vu*, parce que l'on en a l'expérience[45].

De même le Bouddha*, peu avant de mourir, incite ses disciples à toujours vérifier par eux-mêmes ce qu'il leur a dit.

Jésus et le Bouddha ne sont plus de ce monde. Mais d'autres continuent de se tenir dans la même demeure que celle où ils se sont tenus. Saurons-nous les reconnaître et les suivre, saurons-nous rester auprès de l'un d'eux ?

Ainsi se referme le cercle, et la question : « Que cherches-tu ? » résonne comme l'écho inversé du premier appel envoyé par Dieu à Adam dans la Genèse : « Où es-tu ? »

GLOSSAIRE

ALAWIYA. Confrérie soufie fondée à Mostaganem par le cheikh* Ahmad al-Alawî (1869-1933), qui compte de nombreux disciples occidentaux.

Arbre de la Connaissance (du bien et du mal). C'est l'arbre dont Adam et Ève, selon la Genèse, ont mangé le fruit malgré l'interdiction divine – ce qui leur a valu d'être exilés de l'Eden.

Ashram. En Inde, lieu de retraite où des disciples se rassemblent autour d'un maître (*guru**).

AZI. « Association zen internationale », fondée par maître Deshimaru*.

BAUL. Au Bengale (Inde du Nord) les bauls sont, comme leur nom l'indique, des « fous » de Dieu. Ils se vouent au chant, à la dévotion, à la maîtrise des énergies, et se veulent libres « comme le vent ».

BENOÎT (saint). Né vers 480 à Nursie (Italie) et mort en 527, Benoît a rédigé la règle qui a inspiré tout le monachisme occidental.

BENTOUNÈS (cheikh* Khaled). Le maître actuel (né en 1949) de la confrérie Alawiya*.

Bhakti. Dans le chemin hindou de la *bhakti*, l'homme se consacre intensivement et exclusivement à l'adoration de Dieu sous l'un ou l'autre de ses innombrables aspects.

Bhâva. Extase, disposition divine au cours de laquelle le dévot hindou se transforme en sa divinité d'élection.

Bodhisattva. Être éveillé ayant fait le vœu de se réincarner pour venir en aide aux êtres qui souffrent (dans l'école bouddhiste du mahâyâna*).

BOUDDHA. Sanskrit, « l'être éveillé ». Surnom de Siddhârta Gautama (appelé aussi Sâkyamuni), fondateur du bouddhisme, qui vécut il y a environ deux mille cinq cents ans. Écrit avec un *b* minuscule : ce terme désigne aussi la nature de l'éveil, considérée comme notre nature fondamentale ; c'est enfin le titre donné à celui qui est parvenu à la sagesse et à la connaissance parfaites.

Cheikh. Mot arabe désignant le chef d'une tribu mais aussi le maître d'une confrérie musulmane.

Cinq piliers de l'islam. Les cinq obligations faites au musulman : la profession de foi (« Il n'est de dieu que Dieu et Mohammad est son prophète »), la prière rituelle (cinq fois par jour), le jeûne du ramadan, l'exercice de la charité et le pèlerinage à La Mecque.

Darshan. Signifiant « voir » en sanskrit, ce terme désigne le moment où la divinité se révèle au dévot et la bénédiction procurée par cette vision.

DECOURTRAY (Mgr). Ancien archevêque de Lyon (1923-1994).

DESHIMARU (maître Taisen). Maître zen japonais (1914-1982) qui a implanté la pratique du zen en France à partir de 1967.

DEVI. Déesse hindoue personnifiant l'aspect féminin de l'énergie cosmique ; considérée comme la Mère divine, elle est à la fois la conscience et le pouvoir du divin.

Dharma. Mot sanskrit qui désigne le plus souvent, dans le bouddhisme, l'enseignement du Bouddha* ou la voie qui mène à l'éveil.

Dhikr. Mot arabe signifiant « récitation » des noms de Dieu ; pratique soufie.

DÔGEN (maître). L'un des plus grands maîtres zen japonais (1200-1253), auteur d'une œuvre monumentale, le *Shobogenzo*, le « Trésor de l'œil de la vraie loi ».

Dôjô. Mot japonais signifiant « lieu de la voie » ; lieu où l'on pratique *zazen**, par exemple, en commun (dans ce cas, on peut dire aussi *zendô*).

Dzogchen. En tibétain : « la grande perfection ». Désigne l'état primordial de toutes choses ; il constitue le véhicule ultime des bouddhistes tibétains nyingmapa.

EIHEI-JI. Principal temple du zen sôtô au Japon, fondé par maître Dôgen*.

ELIADE (Mircea). D'origine roumaine (1907-1986), ce savant a apporté une contribution fondamentale à l'histoire des religions et à la compréhension du phénomène religieux.

GURDJIEFF (Georgui Ivanovitch). Enseignant spirituel (1877-1949) qui eut de nombreux élèves en France et aux États-Unis.

Guru. Mot sanskrit signifiant « maître » ou « guide spirituel » en Inde.

HAMPATÊ-BÂ (Amadou). Célèbre écrivain malien, qui fut aussi un grand soufi.

HOUANG-PÔ. (Obaku en japonais.) Grand maître chinois du chan (zen en japonais), mort en 850, dont les enseignements ont été retranscrits dans *L'Essentiel de la méthode de la transmission de l'esprit* et *Le Recueil de Wanling*.

IGNACE DE LOYOLA. (1491-1556.) Fondateur de la compagnie de Jésus (les jésuites), auteur des *Exercices spirituels*.

KAABA. Édifice sacré contenant une fameuse pierre noire, et autour duquel le musulman doit tourner (*tawaf*) sept fois lors de son pèlerinage à La Mecque.

KABBALE. Voie mystique et ésotérique du judaïsme.

Kanji. Caractère d'écriture chinois ou japonais.

KANNON. (Japonais, équivalent d'Avalokitesvara en sanskrit.) Bodhisattva* ou manifestation de la compassion dans le bouddhisme.

Karma. Ce terme sanskrit signifie « action » ; il est évoqué le plus souvent comme loi de causalité : notre vie présente est le résultat de nos actions passées.

Kesa. Vêtement du Bouddha*, puis des moines zen.

KÔDÔ SAWAKI (maître). Moine japonais (1880-1966) qui a profondément contribué au renouveau du zen au Japon ; il a notamment été le maître de Taisen Deshimaru*.

Kôan. Question ou énigme impossible à résoudre sur le plan intellectuel, susceptible de provoquer l'éveil.

KRISHNA. Huitième incarnation de Vishnou (deuxième grande divinité de la triade hindoue aux côtés de Brahmâ et de Shiva) et héros du *Mahâbhârata*, dont est tirée la célèbre *Bhagavad Gîtâ*.

Lectio divina. Lecture chrétienne de la Bible, comportant quatre degrés : la lecture, la méditation, l'oraison et la contemplation.

LUTHER KING (Martin). Né en 1929 à Atlanta, cet apôtre noir américain de la non-violence a reçu le prix Nobel de la Paix en 1964 et a été assassiné en 1968.

Mahâmudrâ. (En sanskrit : « Grand symbole ».) Équivalent du dzogchen* dans la branche kagyüpa du bouddhisme tibétain.

Mahâyâna. Mot sanskrit. Le « grand véhicule » bouddhiste, dont font partie, notamment, le zen et le bouddhisme tibétain.

Mantra. Mot sanskrit désignant la formule sacrée servant de support à la méditation ou à la prière (dans l'hindouisme et le bouddhisme).

MORIYAMA (Rôshi). Maître japonais, fondateur du temple de Zuigakin et représentant le zen sôtô au Brésil.

Nirvâna. Mot sanskrit signifiant « cessation » ou « extinction ». Il caractérise l'éveil du Bouddha*.

Non-soi. Dans la vision bouddhiste, le soi n'a pas de substance propre ou fixe. La racine de la souffrance est de s'identifier à ce que nous croyons être « moi ».

PILATE (Ponce). Préfet romain de Judée sous l'empereur Tibère, il condamna Jésus, selon les Évangiles, à être crucifié.

PRAJÑÂNPAD (Swâmi). Sage indien (1891-1974) qui fut le maître d'Arnaud Desjardins.

Prière du cœur. Courte prière utilisée, à la façon d'un *mantra**, surtout par les chrétiens orthodoxes et popularisée par les *Récits d'un pèlerin russe*.

RABÎ'A AL ADAWIYYA. Grande mystique soufie du VIIIe siècle, dont certains traits rappellent la Marie-Madeleine des Évangiles.

RAMSURATKUMAR (yogi). Disciple du grand Swâmi Râmdâs, il est demeuré un « mendiant » toute sa vie (1916-2000), implorant chacun de se souvenir du nom divin.

Refuge. Les bouddhistes prennent traditionnellement refuge dans les « trois joyaux » : le Bouddha*, le *dharma** et la *sangha*, au moment de l'ordination mais aussi avant et après chaque méditation.

Samâdhi. État d'union et d'absorption méditative.

Samou. Terme japonais évoquant le travail manuel effectué au sein de la communauté monastique.

Satori. L'éveil, en japonais.

Senseï. « Professeur » ou « ancien » en japonais, terme respectueux utilisé notamment dans le zen pour désigner le maître.

Sesshin. Ce terme japonais, signifiant littéralement « toucher l'esprit », désigne une période de pratique intensive du zen, allant de trois à dix jours.

Sôtô. L'une des grandes écoles du zen (avec le rinzai) introduite au Japon par maître Dôgen* au XIIIe siècle.

Shihô. Terme japonais désignant le certificat de succession et de transmission remis par un maître zen au cours d'une cérémonie.

Soufisme. Branche ésotérique de l'islam.

Sûtra. Texte relatant l'enseignement ou la vie du Bouddha*.

SÛTRA DU CŒUR. Le plus court et le plus populaire des Prajñâpâramitâsûtra (« sûtras de la sagesse transcendante ») connu aussi sous le nom de Hannyashingyô ; se présentant sous la forme d'un dialogue entre Avalokitesvara (voir Kannon*) et Sariputra, un disciple du Bouddha*, il affirme que « les phénomènes sont vacuité, la vacuité est phénomène ».

Terre Pure. Selon l'école de la Terre Pure, la dévotion au bouddha Amitâbha permet de renaître dans une « terre de félicité » où, est-il dit, l'on pourra atteindre l'éveil en une vie.

UPANISHAD. Textes commentant les Veda, les livres sacrés de l'Inde, et en constituant la fin et le couronnement.

VATICAN II (concile de). Lancé par le pape Jean XXIII le 11 octobre 1962, poursuivi par Paul VI et achevé le 8 décembre 1965, le dernier concile en date de l'Église catholique a révolutionné la vie de cette dernière en l'ouvrant au monde moderne et en la réorientant vers la fraternité avec les pauvres.

Vedânta. Philosophie de la non-dualité, reposant sur les Upanishad*.

Zazen. (Traduction japonaise du terme sanskrit *dhyâna.*) Concentration ou méditation assise, dans la posture enseignée par le Bouddha* et fidèlement transmise de maître en maître depuis deux mille cinq cents ans.

NOTES

1. RAMAKRISHNA, *L'Enseignement de Ramakrishna,* annoté par Jean Herbert, coll. « Spiritualités vivantes », Albin Michel, 1972, Parole 682.

2. Parole citée par Betoule Fekkar Lambiotte, dans ce livre.

3. *Lettres à un jeune poète*, Gallimard, 1993, p. 55.

4. Recueil chinois datant de 1204.

5. Cependant, « *la dualité est en fait constitutive de la création. Mais elle n'est pas malsaine en elle-même*, note Stephen Jourdain, *tant que l'intervalle a valeur de lien et non de séparation* ».

6. Matthieu 18, 1, dans la traduction de Lytta Basset.

7. Il faut ici signaler le cas particulier des chrétiens, pour qui, ultimement, seul Jésus-Christ peut être considéré comme un maître. Mais même dans ce cas, l'accent continue d'être mis sur la relation maître-disciple. Car pour les chrétiens menant une authentique démarche spirituelle, Jésus, avant d'être un sauveur, est bien un maître qui nous enseigne comment vivre. Ainsi que l'affirme Lytta Basset, « *le Christ a ouvert pour tout être humain une voie de perfection, de parachèvement, pas dans le sens moral, mais dans le sens spirituel* ».

8. Luc 11, 34

9. Signification du mot « évangile ».

10. Thich Nhat Hanh est aussi interviewé dans ce livre.

11. Notamment Bernie Glassman, moine zen qui vit aux côtés des pauvres dans les rues de New York et qui a fondé la communauté des Peacemakers.

12. D'après Irénée, évêque de Lyon au IIe siècle.

13. « Adam » signifie « l'être humain ».

14. Genèse 3, 17. Les traductions habituelles, que conteste Annick de Souzenelle, disent : « La terre est maudite à cause de toi. »

15. *Berechit*, le premier mot de la Torah, est le génitif de *rechit*, qui signifie « commencement » mais qui peut aussi se traduire, comme le fait Annick de Souzenelle, par « principe ».

16. Comme il est décrit au troisième jour (Genèse 1, 9).

17. Cette expression est toujours utilisée dans les Évangiles par Jésus lui-même. Par exemple dans Jean 3, 14 : « Comme Moïse a élevé le serpent dans le désert, il faut que le Fils de l'homme soit élevé afin que quiconque croit, ait, en lui, la vie éternelle. »

18. Genèse 3, 19.

19. Genèse 3, 14.

20. Satan, en hébreu, signifie littéralement « l'adversaire ».

21. Par exemple dans Jean 12, 31 ou Jean 14, 30.

22. Genèse 3, 16.

23. L'homme et la femme sont revêtus par Dieu, dans l'exil, de tuniques de peau (Genèse 3, 21).

24. Le futur Abraham.

25. Genèse 12, 1. Ce passage est le plus souvent traduit par : « Va, quitte », en une redondance un peu absurde.

26. Évangile de Jacques, 7-8. Ce texte apocryphe est lu au cours des fêtes mariales par l'Église orthodoxe.

27. Voir son interview dans ce livre.

28. Le Front de libération nationale, fondé par Ahmed Ben Bella, qui devint par la suite le premier président de la République algérienne.

29. Ancien président du Sénégal et écrivain (1906-2001).

30. D'après la sourate 96 du Coran, dite du « caillot de sang ».

31. Gallimard, coll. « Imaginaires ».

32. L'un des Évangiles apocryphes, composé de 118 *loggia*, ou paroles de Jésus.

33. Allusion au *tsimtsoum*, la « contraction » ou l'auto-limitation de sa propre puissance qui permit à Dieu, selon la Kabbale, de créer le monde.

34. Toutes les traductions d'Esaïe et des Évangiles citées dans cet entretien sont de Lytta Basset.

35. Voir Genèse 1, 1-2 : « Au commencement, Elohim créa les cieux et la terre. Et la terre était tohu-bohu, ténèbres sur la face de l'abîme, et les souffle d'Elohim planait sur la face des eaux. » *Tohu-bohu* peut être traduit approximativement par « chaos » ou « vide et sans forme ».

36. Henri Corbin (1903-1978) était un spécialiste de l'islam iranien et a été pendant vingt ans directeur d'études à l'école pratique des hautes études en sciences religieuses.

37. Mario Mercier aborde plus amplement ce thème dans son *Manifeste du nouveau chamanisme*.

38. Selon la Genèse (1,26) : « Dieu dit : faisons l'être humain à notre image et à notre ressemblance. »

39. Voir Dt 5,1 et Dt 6,1-4 : « Voici le commandement [...] Écoute, Israël ! »

40. Philosophe épicurien romain (98-55 av. J.-C.), auteur du *De rerum natura* (« De la nature des choses »).

41. Jésus le dit aussi : « Quand vous priez, ne rabâchez pas comme les païens. Ils pensent en effet que par un excès de paroles ils seront exaucés. Ne leur ressemblez donc pas ; votre Père sait de quoi vous avez besoin avant que vous ne le lui demandiez » (Mat. 6, 7-8).

42. Communauté œcuménique située près de Cluny, en Bourgogne, qui accueille et rassemble des milliers de jeunes.

43. L'*abba* dans la tradition des pères du désert, le *starets* dans celle de l'orthodoxie russe.

44. Selon Jean 1,18 : « Dieu personne ne l'a jamais vu ; le fils unique, étant Dieu dans le sein du Père, nous l'a fait connaître. »

45. Selon le sens premier du verbe grec *pisteuein*, ou de l'hébreu *heemin*, que l'on traduit habituellement par « avoir la foi ».

Remerciements

Les onze premières interviews publiées dans ce livre ont paru initialement dans le magazine Actualité des Religions *(de mai 2001 à mai 2002). J'en remercie toute son équipe d'alors : Catherine Brégent, Nathalie Dupouey, Jean-Paul Guetny, Maryline Guitton, Djénane Kareh-Tager et Claire Nitard.*

Je remercie également toutes les personnes qui ont contribué, d'une manière ou d'une autre, à l'élaboration de ce livre, en particulier : Swâmi Amritaswarupananda, Louise Asherson, Deborah Bacon, Michelle Bompois Cohen, Brinda Callahan, John et Marilyn Carter, sœur Chân Không, Harriet Coleman, brahmacharini Diparimta, sœur Élizabeth, frère Guido, Myriam Hocine, Caroline Hourant, Marie et Jean-Yves Paillet, Bruno Solt et Martine Tailhardat.

TABLE

Dans la même collection

66. ***Ermites, hier et aujourd'hui.***
Jean-Paul Clébert, Michel Fournier, Kenneth White, Emmanuel Muheim, Lama Denis Teundroup, Jean-Yves Leloup, Aimé Michel... *(128 p., 7,62 €.)*
68. ***L'Apocalypse de Jean : un message pour notre temps.***
Par le Dr Jean Marchal, présenté par Arnaud Desjardins. *(320 p., 18,29 €.)*
69. ***Prière.***
Faouzi Skali, Jean-Yves Leloup, Marie-Madeleine Davy, Olivier Clément, Jean Collet, Claude Geffré, Swâmi Ramdas, Roland Rech... *(182 p., 12,20 €.)*
71. ***La Mort et ses destins : incarnations et métamorphoses.***
Dr Marc-Alain Descamps, Dr Jean-Pierre Schnetzler, Denise Desjardins, Jacques Donnars, Pierre Weil... *(172 p., 12,20 €.)*
71. ***La Structure absolue. Raymond Abellio.***
Inédits réunis par Marie-Thérèse de Brosses. *(172 p., 12,20 €.)*
76. ***Nouvelles émergences.***
Marie-Madeleine Davy, Jacques Castermane, Jacques Salomé, David Bohm, Joëlle de Gravelaine, Jean-Yves Leloup, Pierre Crépon, Fritjof Capra, Jean Charon. *(120 p., 8,38 €.)*
78. ***Le Maître de Nô.***
Par Armen Godel, préf. Michel Butor. *(156 p., 12,20 €.)*
81. ***Karlfried Graf Dürckheim.***
Inédits réunis par Jean-Yves Leloup. *(216 p., 12,20 €.)*
82. ***L'Esprit visionnaire.***
William James, Georges Russell, Gilles Farcet, Mario Mercier, Jean Alziary, Yvonne Carouch, Ariane Buisset... *(110 p., 12,20 €.)*
86. ***Un et nu : Daniel Pons ou l'éveil de l'être.***
Dir. Jean Mouttapa. André Chouraqui, Annick de Souzenelle, Robert Faure, Camille Jordens, Jean-Yves Leloup, Faouzi Skali, Pierre Solié... *(Illustré, 144 p., 9,15 €.)*
90. ***Louis Massignon : mystique en dialogue.***
Dir. François Angelier, Dominique Bourel et François L'Yvonnet. *(260 p., 18,29 €.)*
91. ***La Mystique de l'invisible.***
Par Roland Maisonneuve. *(206 p., 12,20 €.)*

93. ***Dieu croit-il en Dieu ? Rencontres au-delà des dogmes.***
Par Patrick Levy, préf. Albert Jacquard. *(528 p., 22,71 €.)*
94. ***L'Approbation sacrée : Paul Claudel et la Bible.***
Dir. François Angelier.
(240 p., 15,09 €.)
95. ***Vision et hallucination, l'expérience du peyotl en littérature. Autour de Charles Duits.***
Inédits réunis par Christian Le Mellec. *(176 p., 14,95 €.)*
96. ***Les Rêves et l'Ombre.***
Par Dominique Charrière.
(126 p., 12,20 €).
100. ***Le XXIe siècle a commencé.***
Edgar Morin, Jacqueline Kelen, Kenneth White, Jean-Marie Pelt, Alejandro Jodorowsky, Rémy Chauvin... *(304 p., 18,29 €.)*
101. ***Bouddhisme et Franc-Maçonnerie.***
Dir. Jean Mouttapa. *(154 p., 12,20 €.)*
103. ***Le Pouvoir et le Temps : essai sur le déclin du divin.***
Par Philippe Ségur. *(232 p., 18,29 €.)*
104. ***La Géométrie du labyrinthe.***
Par Philippe Conty. *(264 p., 18,29 €.)*
105. ***Le Mal.***
Dir. François L'Yvonnet. André Comte-Sponville, Clément Rosset, Jacques Lacarrière, François Angelier... *(288 p., 18,29 €.)*
106. ***L'Homme tridimensionnel, « Corps, âme, esprit ».***
Par Michel Fromaget.
(184 p., 12,20 €.)
107. ***Conscience et présence.***
Dir. Éric Le Nouvel. Richard Moss, Marie de Hennezel, Maud Séjournant, Dalil Boubaker, Mgr Germain, Bernard Rérolle... *(168 p., 12,20 €.)*
109. ***La Voie de l'homme relié.***
Dir. Jean Mouttapa. Jean Breton, Jean Onimus, Christiane Singer, Alphonse Goettmann...
(224 p., 15,24 €.)
110. ***L'Égypte, mère du monde.***
Par François-Xavier Héry et Thierry Enel. *(Illustré, 240 p., 18,29 €.)*
111. ***Arnaud Desjardins : témoignages et textes inédits.***
(Illustré, 256 p., 18,29 €.)
112. ***Traité du regard.***
Par Alain Beltzung. *(288 p., 18,29 €.)*
113. ***La Grande Mutation, enquête sur la fin d'un millénaire.***
Dir. François L'Yvonnet.
(376 p., 22,11 €.)
114. ***Le Sens du sacré.***
Dir. Nathalie Calmé. *(216 p., 18,29 €.)*
115. ***Femme de lumière : Marie-José Lamothe sur les chemins du Tibet.***
Dir. André Velter. *(272 p., 18,29 €.)*
116. ***Marie-Madeleine Davy. Les chemins de la profondeur.***
(208 p., 18,29 €.)
117. ***L'Esprit du Geste.***
Dir. Albert Palma. *(216 p., 18,29 €.)*
118. ***Sciences et conscience.***
Dir. Alain Houziaux. Avec Basarab Nicolescu, Jean-Marc Lévy-Leblond, Pierre Gisel, Pierre Buser, Jean-Didier Vincent, Gustave Martelet, Louis Pernot, Anne Dambricourt-Malassé, Francisco Varela, Michel Cassé, Rémy Lestienne, Abd-Al-Haqq Guiderdoni. *(155 p., 12,20 €.)*
119. ***La Quête du sens.***
Stan Rougier, Roland Rech, Lama Puntso, swâmi Devanath Saraswati, Jean-Paul Guetny, cheikh Khaled Bentounès, Richard Moss, Marie de Hennezel, Christiane Singer.
(116 p., 12,20 €.)
120. ***Sagesse ou passion ?***
Jacques Attali, Ysé Tardan, Pierre Joxe, Jean-Louis Schlegel, Jean-Fran-

Achevé d'imprimer en France, en décembre 2004 par
Pollina s.a., 85400 Luçon - n° L95656